轻松说服

杜赢 编著

中国商业出版社

图书在版编目(CIP)数据

轻松说服 / 杜赢编著. -- 北京 : 中国商业出版社, 2021.8

ISBN 978-7-5208-1631-1

Ⅰ. ①轻… Ⅱ. ①杜… Ⅲ. ①商务谈判-通俗读物 Ⅳ. ①F715.4-49

中国版本图书馆 CIP 数据核字(2021)第 093809 号

责任编辑：谭怀洲 王彦

中国商业出版社出版发行

010-63180647 www.c-cbook.com

(100053 北京广安门内报国寺 1 号)

新华书店经销

三河市众誉天成印务有限公司印刷

* * * * *

880 毫米×1230 毫米 32 开 6 印张 116 千字

2021 年 8 月第 1 版 2021 年 8 月第 1 次印刷

定价：36.00 元

* * * * *

(如有印装质量问题可更换)

前 言

在我们的生活中，说服可以说是无处不在。比如，父母说服自己的孩子少玩游戏，多看书；老师说服学生上课专心听讲；领导说服下属提高工作效率；销售人员说服顾客购买自己的产品，等等。

同时，说服也是一项非常艰巨的任务，因为这意味着你要别人改变自己原有的看法。在现在这个崇尚个性的时代，没有人会随随便便被你说服的。

不过，如果你取得了对方的信任，与对方产生了共鸣，那么，成功说服也就水到渠成了。

所谓轻松说服，就是把沟通的管道打通，让人们彼此之间没有误解，没有争执，让彼此能理解，能交流，能产生共识。通过说服，可以让对手成为朋友，让分歧化为共识。

说服力的强弱，直接导致同样的事情出现迥然不同的结果。有说服力的人，获得他人的认同，造就非凡的功业；而没有说服力的人，却只能终日黯然，碌碌无为。

我们可以毫不夸张地说，说服力是人生的润滑剂，即使在最美好、最和谐、最单纯的关系中也不可或缺。

那么，说服力是天生的吗？不，思考和学习才是说服力的源头。如果一个人愿意去学习，同时会动脑筋去揣摩，那么用不了多久，就会变得很有说服力。要是这个人放弃思考，放弃学习，那么说服力必将离他而去——他的思维将变得僵化，他的话语将变得无味，如此，又怎么会有说服力呢？

不要忽略说服力的修炼，说服遍布生活的每个角落。看看我们的生活，你就会发现，很多时候，我们做事是因为有人劝说我们去那样做——你以为自己是主动、自发的，其实不是，你只是被人说服了而去做某事而已。

说服力是一种技能，就像是骑自行车，通过学习和练习你就能学会。你的任务就是做到非常善于影响和激励别人，去支持你、帮助你，进而实现你的目标，解决你的问题。

本书针对生活和工作需要，以生动的文字、丰富的案例，解析听众的心理，并有的放矢地介绍了相应的说服策略和方法。本书语言简练轻松，内容丰富实用，是管理者和销售人士的案头必备。

掌握了说服力，就能让你在任何场合说服任何人，轻松掌控局面，让你所说的每一句话都能打动人心。

愿你通过本书，能够掌握不争执、不对立的说服沟通技巧，成为一个真正的沟通高手。

2021 年 4 月

目录

第三章　瞬间打动人心的说服策略

第七章　会辩论，你能说服任何人

第八章　懂谈判，让自己的利益最大化

第一章

开始说服之前，你应该这样做

提高吸引力，增强气场

在与他人交往时，有时候我们会更愿意和说话并不多的人待在一起，夸夸其谈、华而不实的人则会令人们十分反感，总希望和他们保持距离。这种情形的出现主要涉及一个人的吸引力与气场两个方面。有些时候我们会发现，有的人即使非常安静地随意待在一个地方，也能吸引人们的目光，给人留下深刻的印象。

外貌漂亮与否并不能对气场强弱产生太大的影响，最重要的是你能否通过你的面部表情、肢体语言很好地展现出你的个人魅力。气质才能打动对方。

心理学上所讲的“理想的自己”，就是指理想的自我形象存在于每个人的心中。“理想的自己”通常形象高大。不同的人个性背景差异很大，形象不一，然而他们“理想的自己”会有一些思维敏捷、情感丰富、言语风趣的共同点，并且都渴望自己在别人眼中和蔼可亲、真诚待人、知识渊博。这些如果能自然而然机敏地呈现，一种无形气场就会产生，对对方产生强烈的影响，令对方自然而然地折服。所以，气场是由思想、行动与感情三者构成的，因此这三方面就是提升个人气场需要努力的方向。

一个人所表现出来的气场的特质，与其说是由当时当地特殊的环境所决定的，倒不如说是由自己的内质创造的。所以，一个人自身是否有要改变自己的强烈愿望，是能否成功改变自己的决定性因素。每个人的形象其实是由自己的思想创造的。一个气场足的人想法会被大多数人认同，再加上自身其他方面的条件，成功吸引了关注，就很容易获得成功。

一个人的言行举止是造就气场的关键。因此，通过不断地调整自己的行为，让自己拥有积极向上、热情友善、温和宽容等令人愉悦的个性就会引起别人的关注，从而有利于自己气场的增强。

第一印象决定你的输赢

第一印象指的是对第一次见面的人形成的最初印象。这通常是依据对方的面部表情、身体姿态、着装仪表等形成的印象。千万别因为第一印象留给别人的时间很短就忽视它，相反，它的影响力是很大的。这种在日常生活中很普遍的第一印象往往为今后的交往做了铺垫。

一般情况下，别人对自己产生的第一印象具有很强的稳定性。这个从认知开始阶段就产生的印象会一直存在下去，所以很难改变，以后的交往也会受到影响。举个很简单的例子就会明白。人们通常会认为给别人第一印象好的人是凭借努力获得成功的；反之，则会觉得他是依靠耍手段和诡计才达到目的的。

心理学家通过研究发现，形成第一印象所需的时间非常短，有观点认为这段时间是 40 秒，甚至是 3 秒，刹那间，别人对你就已经有了定论。就是这几秒有时候会决定一个人的命运。现代社会生活节奏很快，一个给别人第一印象并不好的人，很少会有人有兴趣和精力去更深入地了解他。第一印象总会影响着很多人对别人的后期接触，因而对未来的发展起到重要作用的就是第一印象。可以说，第一印象意味着效率，也意味着经济效益，和之后的任何一次印象相比，第一印象尤为重要。人们能否继续交往几乎都取决于第一印象。

海罗德是美国勃依斯公司总裁，他说："第一印象在大部分人没时间去深入了解你的情况下是十分重要的。可以走第二步的机会基于良好的第一印象，假如第一印象很差，通常，我们更愿意相信第一印象。有许多例子表明糟糕的第一印象会给寻求商机的人带来很大的损失。如果想要改变这一现状，你将会付出巨大的精力。"正如我们通常所说的"先入为主"，留下第一印象就如同在白纸上写字作画，即使它并不完全准确，但已经形成，很难改变。无论相信与否，在以后的决策中，第一印象所带来的影响总会体现在人们自以为理性的分析中。

只关注第一印象而忽视后来的表现是人们的习惯。虽然人们可以振振有词地说："封面不等同于书本内容。"然而我们必须承认，包括自己在内的绝大多数人做不到选择一本书时不受书的封面的任何影响。我们都在通过互相观察对方的言行举止等表面东西来判断对方的内涵。这种判断具体是怎样的呢？美国心理学家奥伯特·麦拉比安研究发现：你的外表占了55%，包括着装、外貌、身材、头发颜色等；自我表现则占38%，你的预期腔调、动作姿势、身体姿势等都包括在内；而你所表达的真正内容只占7%。

心理学家还认为，人们往往会靠直觉瞬间判断一个陌生人的状况：你的经济实力、教育水平、社会地位、聪明与否、可信赖程度、是否结婚、家庭背景、成功概率、年龄、艺术修为等。人们常说"看一眼就可以判定对方"，此即第一印象。这个"看"的动作只会持续几秒钟的时间，然而在这样短的时间内你的过去和未来早已被别人下了定论。

用恰当的称呼打造你的好形象

与别人第一次见面，首先要知道该如何称呼别人。恰当地称呼别人，是一切顺利的基础，如果称呼不当，轻者会造成尴尬，严重的话别人还会厌恶你，甚至使交流受阻。会称呼人的人才会受欢迎，做一切事情会更加顺利。称呼别人其实也是一门学问。聪明的人不会胡乱称呼别人，考虑对方的多种综合因素，为人处世才能够顺利。要想恰当地称呼别人，主要从以下几个方面考虑。

1. 考虑对方的年龄

很多场合里，人们习惯于依据年龄来称呼别人，这个方法很普遍，一般情况下不会有错。但要注意一个问题，俗话说："逢人短命，遇货添钱。"就是说，人家的年龄要往小了说，人家的东西要往贵了说。很多人对"老 ×"这个称呼很反感，特别是女性，一说年龄就很敏感，要尽量叫"大姐"而少叫阿姨，而能叫"阿姨"的就不要叫"奶奶"。

赵女士平时很注重保养皮肤，可毕竟不是 18 岁的时候了，脸上的皱纹和老年斑都多了许多，对此，赵女士经常对着镜子叹息容颜老去。一次，赵女士去买菜，对面迎上来一位年轻姑娘："新鲜的蔬菜，阿姨您需要吗？"

赵女士一听就非常生气，没理那个姑娘直接走了。这位姑娘感到很迷惑，这是怎么回事呢？有人悄悄告诉这位姑娘："你要是称呼她为大姐，她就不会不理你了。"原来，因为赵女士对年龄特别敏感，尽管年纪不小了，却不愿意别人叫她"阿姨"。这位姑娘不小心碰了她的痛处，赵女士便不愿意搭理她。

2. 考虑双方关系的亲疏

人与人之间的关系有亲疏，不同的关系称呼不同。关系一般却用非常亲昵的称呼，别人会误以为你在套近乎；反之，如果关系非常好却用了非常客套的语言来称呼，又会让人感觉太见外了。如果是朋友，可爱的昵称可以拉近彼此间的关系。有的昵称不是谁都能叫的，只能对家人或亲密的人使用，用特定的昵称是为了表达一种亲密的关系。

3. 考虑对方的身份职业

因为身份职业的不同，惯用语言也会有所不同，在称呼别人时一定要符合对方的习惯，使沟通更加顺畅。你若把农村老大爷称为"老先生"，估计没人以为你在叫他。而如果你称呼有身份地位的年长男士为"大叔""大爷"，他大概也不会理你，这时候要配合其职业称呼"×老师"等。

4. 考虑当地的习惯用语

由于地区的不同，称呼也会有所区别，如果不细心，就很可能弄出笑话来。例如有一些地方称呼儿子的妻子为“媳妇”，而有些地区则叫作“儿媳妇”，“媳妇”则只是指自己的老婆，同一个称呼却表明不一样的关系。再比如，中国人愿意把配偶称为“爱人”，在外国“爱人”则意味着“第三者”。

要想让自己受欢迎，首次见面就要恰当地称呼对方，这样才能给自己树立一个好的形象，让别人对你有好感，你们的沟通才会更加顺利。

寻找共同话题，让对方接受你

我们见陌生人第一面时大都会问：“你家是哪里的？”“从事什么工作？”“哪所学校毕业的？”事实上，这是在找寻彼此相似的地方，寻找共同话题，希望给别人留个好印象，继而能够交谈融洽。那么，如何才能在初次交流时找到共同的话题呢？总体来说，有以下几个要素。

1. 谈长项，增进了解

我们不仅要介绍自己的姓名、单位，还应该根据不同的人作不同的介绍，非常好的介绍方式就是介绍对方的特长。例如：“这是王先生，特会唱民歌。”“这是李小姐，获得过市里的围棋冠军，如今棋艺依然不减，要是可以的话你们切磋一下也很好。”这种介绍能增进大家的相互了解，对建立友谊也有帮助。

2. 客观地做出评价，增进友谊

简单、中肯地评价被介绍人，这种介绍方法也非常好。

如“彭先生是一位非常有潜力的影视文学创作人，已经写了几部剧本，如果你们合作，一定会非常愉快。”“赵小姐非常喜欢帮助别人，她一定会不遗余力地帮助你的。”这样，可以给对方留下良好印象，为今后的合作奠定基础。

3. 开门见山，直白地介绍

介绍一个人，就像素描，要用简单的几句话就勾勒出被介绍者的大概情况。因此，不要啰里啰唆，而是要直接叙述，例如：“这是我朋友小黄，搞水利工程的。”“这是李先生，说话很有哲理，和他交流往往会有所收获。”

4. 通过他人引荐

如果两个人彼此都不认识，可以通过第三人引荐。“朱先生，你有兴趣认识胡先生吗?”“朱先生，你对养鸡技术感兴趣吗？这位是小李，鸡场的负责人，他会帮你引荐的。”采用以上这种先征求许可再引荐的介绍方法，不仅能表明你很尊重他人，而且这种简单的询问会让人觉得亲切，也会让对方容易接受。

5. 肯定推荐

我们要用肯定的语气来介绍一个人，因为每一个人的姓名、年龄、职业等都是事实存在并且毫无疑问的。如果你的介绍显得底气不足、似有疑问，甚至对人家的优点也不敢给予肯定，那样是很不礼貌的。

除此之外，在与人交谈时，要讲对方感兴趣的事情，对方才会认真倾听你说的话。例如，对方是个追求名声的人，你却不知道，而将利益之事说给他听，即使你所说的内容千真万确，他也不会感兴趣。因为追求名声的人，并不一定喜欢利益，所以和他讲利益是没什么效果的。

挺直腰杆，展示自信姿态

小杜高中毕业后，就来到深圳闯荡，她满怀期望地带着简历去参加人才招聘会。会场里人山人海，只有××公司的招聘台前没有人，在一片热闹中特别显眼。她很好奇就过去了，当看到××公司招聘启事上的要求时，她被吓住了。公司需要新招20名业务代表，但必须名校毕业，至少有三年的零售经验。苛刻的条件让人望而却步。

小杜认真想了想，虽然自己条件都不符合，但她对××公司业务代表的职位非常感兴趣，她还是决定试试看，如果不被接受就当增长见识了。她来到应聘席前面的位子上坐下，招聘主管疑惑地看了看她，淡淡地问她看过招聘启事没有。她答道："看了，然而很抱歉，我既非毕业于名校，也没有相关经验，只是高中毕业而已。"主管端详了小杜很长时间，才不紧不慢地说："那你怎么还会来呢?"

小杜笑着说："我敢来投简历，那是出于我对这份工作的喜爱，而且我觉得自己可以胜任这份工作。"她顿了顿，接着说："假如应聘者符合所有的要求，那么他自然不只是想当个业务员，而是想要做到中层领导了。"然后，她递上自己的简历。中年主管不仅没有谢绝，还笑着接受了。

次日，这个公司的录取通知书就寄到了小杜手上。之后她才了解到，那些高要求很多时候都是面试官故意设的"陷阱"，事实上结束谈话之后，公司的两个测试她都通过了：敢于挑战常规和分析问题的清晰思路使她通过了面试。

有时，就算我们地位不高，需要他人帮助，也无须畏畏缩缩，要抬头挺胸，自信满满。这样做的原因是自信能够自然地激发别人的关注和好感，有信心者方能赢得尊重，为人处世方能顺畅。

成功学上的一条真理似乎就是人应该有自信，那么应该如何表现自信呢？需要我们不屈不挠，昂首挺胸，始终保持自信的形象。态度与姿态最能在说话办事中体现出来，身份、地位、角色和自身的个性是影响态度与姿态的几大主要因素。通常位高权重者，很容易产生自负心理，人们一般不愿意接受这种情绪，如果他们没有了之前的地位，那么较大的落差会让他们觉得很尴尬。另一类人，他们身份卑微、无足轻重、为人软弱，常常显得懦弱畏缩，或者因为地位低下而显得极端地愤世嫉俗，这很难获得他人的同情，甚至让人不愿与之结交。

上述两种情况，一种是亢，另一种是卑，都不利于与人交往的顺利进行，不但会为彼此相处增添隔阂与障碍，还会使相处难上加难，双方都很不痛快。通常，彼此平等的正常状态下交往是人们觉得比较舒服的状态，而以上两种情况使彼此之间无法有效地沟通。自我虚荣者，会根据当时自己所处地位的高低有两种截然不同的反应，总结起来就是欺下媚上，最容易招致人们的反感和蔑视。因此，为人处世最应该做到的就是不卑不亢、有礼有节。

有的人垂头丧气不是因为被别人看不起，而是自己看不起自己，自甘堕落。如果你觉得自己哪里都是不足，如果你觉得自己一无是处、不幸总是降临到你的头上，如果你认为自己无法与别人相比，那么你只会在这种自我贬低中地位真的变得越来越卑微。

国外有一项调查表明，自我感觉低人一等是工薪阶层贫困和缺乏社会地位的大部分原因。他们很自然地认为自己不如别人，自然也就以一种唯唯诺诺的姿态出现在别人面前。明智的雇主对于那些唯命是从、没有主见、百依百顺和没有气节的员工都不会重视。以平等身份接近自己的人往往会博得明智雇主的欢心，对于溜须拍马的人很自然地就有一种藐视，那些热衷于自我贬低的雇员也绝对不可能为自己赢得尊重。雇主肯定乐于雇用为人处世不卑不亢、有自己原则的人。

因此，无论在什么场合，说话办事顺利进行的好方法绝对不是唯唯诺诺、卑躬屈膝，想要成为一名成功者，就要昂首挺胸、不卑不亢。

第二章

无声的说服：肢体语言的力量

当众拥抱你的对手，化被动为主动

张强和小峰都是公司的领导者，他们分别是销售总监和人力总监，二人由于对销售部部分员工的惩处和管理有不同的见解而起了冲突，两个人的关系也变得势同水火，一直明争暗斗。公司开年会时，高层们需要一起上台表演节目，当他们共同出现在舞台上时，员工们都为他们感到焦急，又想看接下来的好戏。但令人意外的是，张强在节目结束后竟主动拥抱了小峰，大家都为此感到震惊，继而纷纷鼓掌，大家都称赞道："张总非常豁达，竟能在这种场合尽释前嫌！"正是这个简单的动作，化解了二人之间的矛盾，而张强的形象也得到了提升。

我们都难于在公共场合拥抱自己的对手，因为面对对手我们都有很强的攻击心理，所以若是还不能消灭他，至少对他的态度也是非常冷酷的，可想要主动与对手亲近是多么困难。就因为难，形象也因此而有了高与低的区别，也就是说，敢于在公共场合拥抱对手的人，他的形象往往会提升很多。

当众拥抱对手能够让你占据主动地位，掌握主动的人往往更能控制事情的走向，当你掌握了主动权，不仅使对方感到迷惑，让他无从知晓你的态度，也迷惑了旁观者，让他人对你们的关系感到迷惑，还以为你们冰释前嫌做了朋友，因你宽大的胸襟而对你高声赞扬。这时对方不接受你的热情，他就会被认为为人不够大度，一经比较，二人孰轻孰重立见分晓。所以，在公众场合大度地与你的对手表示友好，不但可以修补彼此之间的关系，还能让你掌握主动，给你的形象加分。

此外，当众拥抱对方会让他无法攻击你，如果他对你的拥抱仍敬而远之，那么他必招致他人的批判。因此，竞技场上比赛前的握手敬礼或拥抱，还有赛后的握手拥抱，都是最常见的“当众拥抱你的对手”。另外，政治家也是这样做的，对方明明是政敌，见了面仍然要握手示好……

事实上，当众拥抱对手并没有那么困难，只要你敞开心扉，那便只不过是一个肢体动作而已，例如拥抱、握手。特别是握手，这样的动作很常见，如果你伸出手他却不理你，那说明他很没礼貌；用话语拥抱对手，在公共场合大方地称赞、关心对方，但不要过分，否则会过犹不及。

点头：表现出合作意向与肯定态度

面试者面对面试官时非常紧张，从面试者紧握的双手和交扣的脚踝便可看出这一点。面试者的紧张被面试官看出来了，于是在面试者回答问题的时候，面试官微微地点头给予回应。这个动作帮面试者找回了勇气，面试者开始放开约束，渐渐地更想要表达自己，声音也由激昂取代了原来的颤抖。

我们对上面的情形习以为常。比如，老师在提问学生回答问题时，总会频频点头，示意对方继续说下去。在身体语言中，点头是非常常见的，点头通常表示同意，而且点头这一动作也有丰富的含义，例如赞赏和顺从，并且点头不但表示自己肯定，有时还可以带动对方，下面就说一说点头这一富有意义的动作。

面试者从吞吞吐吐到夸夸其谈，得益于面试官对他的引导。众所周知，点头大多是赞同、肯定的表示。若旁听的人多做点头的动作，就会激起说话人继续说下去的欲望，使他谈得更多。

面试者的拘谨往往是由于紧张造成的，这使他的语言交流也受到了影响。当面试官向他点头示意时，面试者便以为对方认同自己的观点，于是心情得到放松，进而激发出了他的信心和表现欲，说话自然也就顺畅多了。相反，若面试官很少点头，面试者则会认为自己是不是哪里说的或做的不对，对方对此是不是不满意，这时，面试者就更不愿意说话了。

除了以上几点，点头也是尊敬、顺从的表现，在日本，点头很多时候都表示这个意思。日本人见面打招呼时经常会点头鞠躬。比如辈分或地位较低的人遇到比自己辈分或地位高的人时，都会弯腰鞠躬，向对方表示自己的敬意。而长者或位高之人则以微微点头回敬。实际上，点头有时就具有鞠躬的意思。正如一个没有完成的鞠躬动作，只进行到头部而已，所以点头的动作就象征性地传递出鞠躬的含义。

点头还可以激发对方点头的欲望。如果你想让对方赞同你的意见，说话之前你可以点点头。点头的动作是可以传染的，如果有人出于友好而对你点头，通常你也会以此回敬，这时便可表示你对对方的认同。因此，想得到对方的支持、建立友好关系，可以尝试利用点头这一动作。比如问对方一句："你们说这样是不是很有道理？"并边做点头动作，对方很可能就会跟着你点头，促使他产生积极的情绪，渐渐地就可能会认同你。

所以，若想获得对方的肯定回答，你就可以边点头边说你的想法，这样不知不觉地就能激发对方对你的认同。另外，正如前面所说的，点头同样表示鼓励、赞赏、尊敬与顺从。因此，适当地多用这个动作，更容易给人留下谦逊、易交往的形象。

获取站在左边的优势，处于主动位置

有个有趣的现象在行为专家的研究过程中被挖掘出来，很多政界要员、知名人士、大企业家等，参加新闻发布会的时候，特别是合照或是在镜头前进行辩论、演讲时，他们很青睐于靠左的位置。

他们这样做的原因是什么呢？政治家、知名人士为什么会喜欢站在靠左的位置？其根源是站在照片或电视屏幕的左边，便可处于优势地位，在和他人握手时占据主动地位，并将自己可信任的形象传达出来，从而获得更多的支持。肯尼迪和尼克松在1960年电视直播的总统辩论时，这一点体现得最为明显。

当时，身体语言这一概念并非人尽皆知，还是通过后来对肯尼迪和尼克松在进行总统辩论前的握手录像分析得出，肯尼迪似乎有使用身体语言赢得优势的天赋。无论是拍合照还是辩论，他总是站在尼克松的左边。这样在握手中肯尼迪便能占主动地位，而尼克松则显得被动。对尼克松来说这对他参选总统一事是不利的。

民意调查使得这一发现更有说服力。调查发现收听竞选广播的多数人认为尼克松会获胜。然而，看电视直播的人则认为肯尼迪当选的概率更大。毕竟，大多数美国人还是更热衷于看电视。所以，在经过他们的一番激烈辩论之后，肯尼迪获得了最后的胜利，成功入主白宫。为什么肯尼迪会最终胜出？因为他富有信心的身体语言和他选择站在左边的位置起了不可小视的作用。由此可见，当我们面对镜头的时候，站在左边的位置更容易引起观众的关注，我们还可以掌握主动权。在生活中，我们也可以利用这一点来掌握主动，突出自我形象。

拍抚肩膀：对你很有信心

在车子还没被发明之前，肩膀是最主要的负重工具，就算今天很多负重的工作也是由肩膀来完成的。因此，肩膀代表着负责任与力量。

当部下完成任务后，领导可以轻拍下属的肩膀，说“干得很好”或者“你真行，没辜负我的信任”。这样做可以拉近领导和部下之间的距离，给下属增加动力。同时，这种动作还能显示你的威严。因为一般只有上司对下属才做这种动作，大多数时候下属是不会轻易去拍上司的肩膀的。

拍肩膀的动作为何能够有这样的威力？那就要看肩膀本身所包含的语言信息。身体语言学家认为，肩部的动作是防御、威信、侵略、害怕、安心的表现。因为肩部可以上下活动，能够自由地伸缩所占范围，并且这些动作也容易引起别人的注意。向后缩的肩膀表达出自己的郁愤；耸肩表示害怕、畏惧；使劲张开两手的肩膀表示具有强烈的责任感；向前挺出的肩膀代表压力过重等。

古往今来，军队指挥者的盔甲、肩章，就是利用肩部以示威严。人为加宽男士西装肩部构造的做法，也是非常男性化的信号。肩部象征着男性的尊严，因此，男人特别重视自己的肩部，而朋友之间拍肩膀的动作通常被认为是友好的意思，因此上司拍抚我们的肩膀时，你会感觉自己得到了对方的信任。一样的道理，今后当我们要鼓励下级的时候，请拍抚他的肩膀，这样不仅可以给他信心，而且可以让他感激我们，进而留给他一个值得信赖和善解人意的好印象。

善用眼神，眼睛也会说话

“眼睛是心灵的窗户。”一个人的内心世界可以通过这扇“窗户”透露出来。与人交际时，自身的喜、怒、哀、愁、乐，不用开口说话，只凭眼睛的神态就能传达出内心的情感；别人也不一定要听完他说的话才能获取情感，只需看看眼神，就能知晓其内心的情感，知道他究竟想表达什么意思。有时眼神所传达的感情，往往超过有声言词。因而，人们常说“眼睛会说话”。

马克思、恩格斯、列宁作为无产阶级革命导师，都十分善于运用眼神。

在回忆马克思时，保尔·拉法格说：“当他在谈话中说出几句俏皮话或机敏的答辩时，在浓密的眉头下闪动着快活而又嘲弄的黑眼睛。”

在回忆恩格斯时，李卜克内西说：“他在观察人们和事物的时候，不是用玫瑰色眼镜或黑色眼镜，而是用明察秋毫的眼睛。他的目光从不停留在事物的表面，而总是要洞察底蕴。这种明察秋毫的眼睛，这种‘慧眼’，这种大自然只赋予少数人的洞察力，都是恩格斯所有的。这一点我在第一次看见他的时候就觉察到了。”

在回忆列宁时，普·凯尔任采夫说：“他演说时的姿态，他的纯朴，他那双目光炯炯能看到人们内心深处的眼睛，这都让我感觉到不凡。”

眼睛是心灵的窗户，而眼神千变万化，表现着人们丰富多彩的内心世界。就像苏联作家费定的小说《初欢》中所描述的那样：“……眼睛会发光，会发出火花，会变得像雾一样暗淡，会变成模糊的乳状，会打开无底的深渊，会像火花和枪弹一样放射，会质问、会拒绝、会取、会予、会表示恋恋之意……”眼睛的表情，比任何语言都要丰富。

在与人谈话时正视对方，表明对对方的尊重；斜视对方，表明对对方的蔑视；看的次数多，表明对对方的好感和喜欢；看的次数很少或看都不看，表明对对方的反感和不屑；眼睛眨动的次数多，表示喜悦和高兴，也可表示疑问或生气；眼睛眨动的次数少甚至一动不动，表示惊奇、恐惧或悲伤；如果不敢直视对方，也可能是因为害羞，可能有什么事不能说；如果怀有敌意的双方互相紧盯着，其中一方忽然把眼光移向别处，则意味着退缩和怯弱；如果谈判时有一方不停地转动眼睛，就要提防他打什么新主意或坏主意；如果是频繁而急促地眨眼，也许是表示羞愧、内疚，也可能是他在说谎话。

眼睛和眉头一起变化，眉目传情的意义更广泛。欢乐时眉开眼笑，眉飞色舞；忧愁时双眉紧锁；愤怒时横眉怒目；顺从时低眉顺眼；戏谑时挤眉弄眼；舒畅时扬眉吐气。

眼神的运用很重要。一般来说，不同的眼神表达着不同的情感。目光明澈表现心胸开阔；目光狡黠表现心术不正；目光炯炯表现精神十足；目光如豆表现胸无大志；目光执着表示志向远大；目光浮动表现浮浅轻薄；目光睿智表现机智聪敏；目光呆滞表现心事重重；目光坚毅表示自强自信；目光颓废表示自暴自弃。除此之外，故弄玄虚的眼神乃是高傲自大的反映；神秘莫测的眼神则是奸诈狡猾的反映；似剑出鞘、咄咄逼人的目光是正派敏锐的写照；而蛇蝎蛰伏、灰冷阴暗的目光则是凶恶残酷的反映。

眼神的表达方式多种多样。得体地运用目光语会为你增添光彩。

孟子说："存乎人者，莫良于眸子，眸子不能掩其恶。"作家柯云路说："目光是一种更能储蓄、更微妙、更有力的语言。"确实，眼睛是人体传递信息最主要的器官，是人体最灵活的机器。当人们互相交流时，目光持续的时间、眼睛的开闭、瞬间的眯眼以及许多小动作和变化都能传达不同的信息。

在与人交流时，谈话者不仅要倾听对方的谈话，而且眼睛要适当地看着对方，这样能给对方一种受到尊重、受到重视的感觉，这样的谈话一般会获得良好的效果。但也有不少人，讲话时两眼一直看讲稿或天花板，或左顾右盼、东张西望，使人感到他"目中无人"，不能表达他的思想感情，这样做效果自然不会好。法国前总统戴高乐在做公开演说或电视讲话时，从不戴眼镜，要同法国人"眼对着眼"地讲话，就是由于眼神可以交流思想感情。

因而我们在与人谈话时，一定要根据谈话的对象、内容、场合、气氛，恰当地运用目光语，这样才能收到良好的效果。

用微笑赢得一切

微笑是美好的面部表情，反映出一个人的内心世界，是自信的标志、礼貌的象征、涵养的外化、情感的体现。微笑具有无限魅力，在与别人交往时，微笑比千言万语更有效。

家庭主妇小乔独自在家看一期法制节目，说的是关于注意门户、小心打劫的新闻。这时候，门铃响了，以为是婆婆回来的小乔问也没问，就把门打开了，然而在小乔打开门的瞬间，她看见一个持刀的男人正恶狠狠地盯着自己。回想刚才的节目，她顿时明白自己遇到了什么情况。该怎么办呢？

这时小乔灵机一动，微笑着说："先生，你真会开玩笑！你是推销菜刀的吧？这菜刀的样式我喜欢，我要一把。"小乔边说还边假装让男人进屋，又接着说："你很像我以前的一位朋友，看到你真的很高兴。进屋喝点水吧！"

没想到会是这种情况，本来满脸杀气的歹徒慢慢地变得不好意思起来。他有点支支吾吾地说："谢……谢，谢谢！"

最后，小乔果真买下了那把菜刀。拿钱的时候歹徒迟疑了一会儿才收下，在转身离去的时候，他对小乔说："小姐，你改变了我的一生！我们能做个朋友吗？"

可见，微笑能够以柔克刚，以静制动，沟通情感，融洽气氛，缓解矛盾，消融"坚冰"。事例中的小乔正是利用了以静制动、沟通感情这一点，不但感动了歹徒，还保全了自己。

一个有口才的人，也应该是爱微笑的人。做劝说的工作或参加辩论和谈判，首先便要打动别人的心，而动其心者莫先乎情，表情中最能征服人心的就是微笑。源于内心、表达真情实感的微笑，是取得说服效应的"心理武器"，也是取得辩论、谈判成功的要素之一。

在下列场合可以微笑：

（1）表达赞美、歌颂时应微笑。

（2）上台与下台时应微笑。这样可拉近与听众的距离，给听众留下美好的印象。

（3）面对听众提问时，送上一缕微笑表示赞美与鼓励。

（4）对观众的言行做出评价时，可以配合点头或摇头，面带微笑。

（5）面对喧闹的听众，演讲者可略带微笑地停顿。

生活中不论是交谈、辩论还是演讲，微笑都有众多的效用，因此微笑训练便成为必要项目。那么，微笑培养都有哪些技术上的要求呢？这里介绍一个小小的窍门，其发明人是我国著名的电影表演艺术家孙道临，只要说声"茄子"就行了。

练习微笑时，我们要注意微笑的特点：看看口腔开到什么程度为宜；嘴唇呈什么形态，圆的还是扁的；嘴角是平拉还是上提。进行微笑练习时，可以两人一组。

进行微笑练习时有如下动作：口腔打开到不露或刚露齿缝的程度，嘴唇呈扁形，嘴角微微上翘。结对练习时可根据上述归纳的重点重复练习，大家互相看看有哪些问题。

微笑时容易出现哪些毛病？又该怎样纠正呢？

第一，微笑过度。

第二，笑得不自然。想要避免“皮笑肉不笑”的毛病，首先必须解决根本态度的问题。根本态度端正了，“皮笑肉不笑”的问题也就迎刃而解了，这便能够从根本上区分真笑和假笑。

只要对交谈对象抱有真诚的态度，那么微笑就会帮助你达到良好的交谈效果。

此外，还应该注意，如果你参加演讲，演讲中就不能从头到尾一直微笑，否则会让人感到你像一个弥勒佛，觉得你带了一个假面具上台演讲，没有真情实感。特别是在不该笑的感情表达时更不能笑。

同时还应注意，并非所有场合都要微笑，如召开重要会议、处理突发事件、参加追悼大会时，就不能面带微笑。平日在运用微笑表达感情时，也要注意诚意自然，适度得体。

正确运用态势语向他人传情达意

表达自我的另一重要方式是态势，它也是一门交流的“语言”。一个人的姿态、手势、身体动作等都能表达出他的内心想法。字、词、句子和标点组成了人类的语言，肢体语言也是如此，姿势也就是单词，虽然它的意思并不固定，但和别的单词组合后，就能准确地看出它所表达的意思。肢体语言中的姿势就如句子，可以将我们的情感态度表达出来。洞察力强的人不用听对方说些什么，就能精确解读出肢体语言所要表达的意思。

一个人的态势对自身的形象也有着深刻的影响。我们如何才能很好地使用呢？

1. 态势要优美

如果站立着说话，我们就要挺胸收腹，手臂下垂，重心放在腿间，塑造出优美挺拔的体态，将自己健康潇洒的形象表现出来，给别人留下良好的印象；要是坐着说话，上身一定要坐直，也可背靠椅子，最为关键的要自然端庄，双手抱臂或放在腿上。在非正式场合可以随便一些，否则就要注意自身姿态了。

2. 目的要明确

我们的言行举止，都要表达出准确的意思，这样有助于我们和对方交流，有助于我们语言的沟通。以下几类态势语是我们常用到的：

（1）点头表示赞同，顿首则是为了强调，上扬头部表示惊讶或豁然开朗，摇头表示否定，摆头是怀疑的信号，低头表示受压抑和屈服，抬头表示有意投入。

（2）肩部下垂向后是平静、灵敏的意思，向前举起是忧虑的表现，平举下垂意为沉着果断，向上突起则是愤怒或受恐吓的表现，耸肩是不清楚或不在乎、无奈的表现，拍拍肩部是亲近或祝贺的意思。

（3）竖起大拇指表示称赞，手掌往前摊表明不同意，紧握拳头是为了彰显力量，双臂张开是欢迎的意思，双臂高举意为胜利，双手在胸前交叉或抱起是乐观自信的表现。

3. 态势语要精确

我们说话时采用态势语旨在沟通感情，辅助语言交流，使对方更易理解。因此，态势语要简单明了，少而精确。例如，同一个手势动作要是不停且随便使用，就没有什么效果了。

4. 姿势与口语要统一

若你是发言者，想听听众对你所讲话的建议，若他并不认同你，并且态势语也和说话表示出了同一个意思，那么他说的是真话；若他说很赞同的话，但他的姿势所表达的却是相反的意思，那就是谎言。卡耐基认为，肢体语言是口语影响力的5倍，如果二者表示的意思不一样，那么就从肢体语言来判断讲话者的真实态度。

弗洛伊德发现，有些女病人对他表示她们很满意自己的婚姻，但却自然地把婚戒戴上脱下，如此多次重复。据他了解，这个动作暗示着她们的婚姻出现了危机。

看身体态势是否与口语相统一是正确解读肢体语言的重要方法。

5．结合观察背景与环境

除了看态势语与口头语表示的意思是否统一以外，说话时的背景环境也是要关注的因素。例如，严冬时节，等公车的人手交叉紧握，下巴也缩起来，这时这个动作并无他意，只是因为寒冷。但是，如果这个姿势的发出者是坐在你对面听你向自己介绍产品或服务项目的那个人，那么这个姿势则传达出防卫或否定的意思。

因此，要结合环境来解读姿势，还要尽力检视姿势群而非单一姿势。如果学习姿态语言的时候能够像学习说话技巧那样努力，那么对提升你的形象又将是一大帮助，所以，还等什么，快点行动吧！使用恰当的肢体语言来表达自我。

第三章

瞬间打动人心的说服策略

合理借题发挥，水到渠成

借题发挥，要借得合理、巧妙，构成顺水推舟之势，不能牵强附会。要想做到不牵强、无痕迹地借题发挥，就要顺其自然，以达到顺理成章的效果。尤其是当一个人处于某种场合时，更要善于敏感、准确地捕捉眼前事物，借此发挥出意想不到的效果。

下面有几个小故事，阐述了借题发挥的妙处。

> 第二次世界大战期间，英国首相丘吉尔访问美国，请求罗斯福总统给予一批军火援助，罗斯福举棋不定，没有明确答复他。丘吉尔回到宾馆时郁闷至极，他刚迈进浴盆，罗斯福突然不宣而入，当时丘吉尔正好赤身裸体。丘吉尔不愧为幽默大师，正当两位国家元首难堪之时，他一耸肩膀说："瞧，我这个大英帝国的首相对您可是没有丝毫隐瞒啊！"罗斯福听了之后不禁大笑起来。

丘吉尔妙语惊人，不仅掩饰了自己赤身裸体的窘态，而且含蓄地表示了他在政治立场上也是开诚布公、毫无隐瞒的。他借题发挥，不仅恰当地打破了僵局，缓和了氛围，而且获得了罗斯福极大的同情与好感。

在交际活动中，窘境或被动局面不可避免。遇到这种情况时，如能借助对方提供的话题或某种情况，顺势发挥，往往可以取得出其不意的效果。

经验丰富的辩论家总是善于利用有利时机传达自己的意思，并注意扩大其影响。有时，这机会就是发现对方不合理的论证，趁机接过这一论题加以发挥，不仅可以变被动为主动，而且能收到意想不到的效果。

阿凡提害眼病，看不清东西。国王偏偏叫他来辨认东西，还取笑他说："你不论看什么，都认为一件东西是两件吗？你本来穷得只有一头毛驴，现在却有两头了，阔起来了，哈哈！"

"真是这样，陛下，"阿凡提说，"就如同现在把你的两条腿看成了四条，和我的毛驴一模一样呢"。

阿凡提对国王的回答，用的也是巧借话题法。他巧妙地利用国王的话题，借题发挥，狠狠地讽刺了国王一番，让其自作自受，自讨没趣。

借颢发挥的重点突出一个"借"字，因为所论之题是论敌提供的。能否将论敌的话题借为己用，反映出辩者运用这一对策的论战经验和思辨能力。借题发挥的限制条件是辩论时的特定情境和论战双方的对立关系。

借题发挥通常的做法是以其人之道还治其人之身。以敌方的论证或方式还击敌方，能产生有力的反驳和揭露作用。

举实例说实理

历史上有篇优秀的辩解书，就是宋玉的《登徒子好色赋》。宋玉采用举例说明的劝说方法，使楚王相信了自己的人格，瓦解了他人的诋毁。由此可见，语言已成了一种维护自己尊严的武器，既能还自己以清白，又能有力地还击诽谤者。

楚国大夫登徒子与宋玉不和，他在楚王面前诋毁宋玉说："宋玉相貌美丽，擅长言辞，生性好色，大王千万不要让他出入后宫。"楚王召见宋玉将登徒子的话转述了一遍。宋玉说："相貌美丽，这是父母给的；擅长言辞，这是跟老师学习的结果。至于好色，臣没有这一毛病。"楚王说："如果你不好色，别人为何要以此批评你？"

宋玉从容辩道："天下的美女，没有谁能比得上楚国的女子；楚国的美女，没有谁能比得上我家乡的女子；而我家乡最美丽的姑娘，要数我邻居家的女子。从身材上讲，匀称曼妙；从身高上讲，多一分则高，低一分则矮；从肌肤上而言，面胜桃花，肤若凝脂，真可谓是恰到好处。眉如翠羽，肌如白雪，腰纤齿贝，一笑倾城。

这样的女子趴在墙上窥视我三年，我都没有答应与之交往。与我相反，登徒子却十分好色。他的妻子蓬头垢面、耳朵痉挛、嘴唇外翻、牙齿参差不齐，既弯腰又驼背，走起路来还一瘸一拐的，如此丑陋的女子，登徒子还与之结为夫妇，还生有五个子女。大王应该对比得出我俩谁好色吧？”

现在，人们每提到“登徒子”一词便会想到好色之徒。由此看来，“登徒子”一词已成为好色的卑鄙小人的代名词。宋玉在《登徒子好色赋》中所描述的登徒子，实际上是个热衷于在背地里诽谤他人的奸佞小人。在为自己辩白过程中，宋玉以对倾国倾城之女子毫不动心为例，说明自己并不好色。又以登徒子妻子丑陋不堪，而他却和她生了五个孩子为例，反驳了登徒子诬陷他好色的说法，从而有力地反击了登徒子。

口才到底怎么定义？根据字面上的意思，或许能说出其中道理。但是，就其实质而言，口才的含义非常广泛，只要能把话说得动听，把道理讲得透彻，把别人对自己的诬蔑巧妙地还给诬陷自己的人，就能证明你有一副好口才，从而赢得别人的尊重与赞赏。

苦苦哀求不如循循善诱

什么情况下可以使用循循善诱的说服方法呢？请看以下例子。

1．用循循善诱的方式化解别人的愤怒

伟大的十月革命刚刚胜利的时候，人民群众占领了沙皇的冬宫。当时，俄国民众怒声呼喊要点燃这座举世闻名的建筑，将皇宫付之一炬，以解他们对沙皇的仇恨。一些文化保护者出来劝说，但民众完全不为所动。

列宁同志听说后火速赶往广场。面对义愤填膺的农民，他恳切地说："兄弟们，皇宫是可以烧的，但在点燃它之前，可以听我说几句吗？"

农民们一听这话，列宁同志并不反对他们烧皇宫，当即应允。

列宁同志问："请问皇宫原来的主人是谁？"

"是反动的沙皇。"农民们大声地回答。

列宁同志又问："那它又是谁修建起来的？"

农民们坚定地说:“是我们人民群众。”

“那么，既然是我们人民修建的，如果人民代表住可以吗?”

农民们点点头。

列宁同志再问:“那还要烧吗?”

“不烧了!”农民们齐声答道。

迁怒于物往往是因为一时冲动，解决这样的问题，关键在于疏导。面对激动的群众，列宁几句循循善诱的问话，厘清了群众的思路，使群众冷静下来，保住了这座举世闻名的建筑。他采取的方法是:

首先，理解和赞同群众的观点，这样使群众对他建立心理认同。

其次，正本清源，使农民们懂得，皇宫虽然是反动暴君的居所，但修建者却是人民群众;如今将皇宫从沙皇手中夺过来，归还人民群众，就应该让人民代表住，如此推论是完全可以理解的，因此农民们点了头。

最后，引导群众改变说法，让群众明确表态“不烧皇宫了”，从而完全达到了自己的目的。

2. 用循循善诱的方式得到人才

曾经担任美国《纽约日报》总编辑的雷特就是用诱导的方式，说服贤能之人倾力相助的。

当时，雷特是《纽约论坛报》的总编辑，但仍需要精明干练的助理。他看中了年轻的约翰·海，他需要约翰·海帮助自己成名，同时也帮助《纽约论坛报》发展壮大。而当时约翰·海刚卸去外交官一职，正准备回到家乡伊利诺伊州从事律师行业。

雷特看准了约翰·海是把好手，可他怎样才能说服这位贤才放弃原计划而在报社就职呢？经过思考后，一天，雷特宴请约翰·海。饭后，他提议请约翰·海到报社去玩玩。从许多电讯中间，他找到了一条重要消息。那时，恰巧负责的编辑没来，于是他对约翰说："请坐下来，为明天的报纸写一段关于这个消息的社论吧。"约翰自然无法拒绝，顺手就写了。社论写得很棒，雷特恳请约翰帮忙顶替一周，渐渐地，干脆让他担任这一职务。约翰·海就这样慢慢地放弃回家乡做律师的计划，而留在纽约做了新闻记者。

雷特凭着这一策略，留住了人才，而约翰在试一试、帮朋友忙的心理下，觉得很轻松，在不知不觉中扭转了他人生航船的方向。而在事前，雷特并未表露态度，他只是劝诱约翰帮他赶写一篇社论而已，却实现了自己的目的。

约翰对雷特的目的一无所知，雷特既没有要求什么，也没有劝说什么，只是通过点滴的循循善诱，便达到了自己的初衷。

生活中，当你要让人积极加入你的计划，或者给予帮助的时候，必须先引导他们尝试一下。如果可能，不妨从小事开始，这种引导的方式，或许会水到渠成。

若要引起他人对你的计划热心参与，最好让他从易入手，引起他对这件事情的兴趣。而当你要让他人做一些比较容易的事情的时候，就要先让他获得满足感和成就感，从侧面去引导他来达成自己的目的。许多社交达人，都懂得这是使人与自己合作的重要策略。

3. 用循循善诱的方式进行商务谈判

小李接到经理吩咐到某客户处安排一次促销，并结算上一笔货款。

小李去了之后，将此行任务全盘托出后，马上又提出结款的事情。于是，客户向小李提出了一大堆的市场问题，结果小李什么任务都没法完成。为什么会这样？就是因为他没有使用循循善诱的方式。那么，在商务谈判中，该如何使用循循善诱的说话方式呢？

首先，在与客户谈判之前，要设想可能被问到的事情，做好回答准备，将谈判的步骤、要谈及的问题全部罗列出来，排序并理出思路。

在实际谈判中，往往会有一些谈判者陷入被动局面，而出现这一局面的主要原因，就是谈判没有策划，没有自己的思路。在谈判过程中，他们被客户打断，就丢掉了谈判主动权。等谈完后，才发现与客户在某个问题上纠缠了几个小时，却没达到自己的目的。整个谈判也就以失败告终！如果在谈判之前先进行策划，再按计划的思路进行，当出现意料之外的打岔时，你只需简单地回答客户的问题，马上就能回到原来的步骤中继续谈判。

要想在谈判中获得成功，就要掌控局面，如果对方故意提出一些引开话题的问题，要用循循善诱的方式，学会回到谈判程序来。

其次，不能急于求成，要有条有理地谈判。在没有弄清楚对方的需求之前，切忌将自己的底牌很快抖出。

上述实例中，小李所以会被客户控制，是因为他不但没有做好谈判准备，而且太急于求成了。他应该先到客户那里了解市场情况，客户肯定会积极提问，等客户将市场问题说完了，再告诉客户，可以考虑通过促销来缓解、解决市场问题，并就市场的下一步发展情况与客户探讨，最后提出结款的事。

在这样的情况下，客户还会拒绝小李的建议吗？显然不会。谈判的技巧，总的来说是：步步为营，循循善诱，有礼有节，不卑不亢，及时出手！记住这个口诀，在谈判中就胜券在握了。

再次，谈判的过程是一个讲条件的过程，谈判时，不要开始就把问题全盘托出，要一个一个陈述，一个一个商讨解决方案。

在一个问题得到解决之后方可提出下一个问题，要循序渐进。否则，把第二个问题说出了，谈判会变得混乱无序，而这样的谈判也不可能会成功。

最后，谈判也是一场“陷阱游戏”，你应当故意设一些善意的“陷阱”，引诱客户“就范”。

循循善诱的说服方式，很多地方都适用，无论是在社交场合、商务谈判还是日常生活中，循循善诱的说话方式，都会产生比较好的效果。

亲和力是说服人的利器

说到亲和力，很多读过《红楼梦》的读者都会想到薛宝钗。虽然人们对薛宝钗的评价褒贬不一，但是谁也无法否认她确实是一个让人喜欢的女人。正是因为薛宝钗的亲和力，让向来心直口快的史湘云都对其大加赞赏。

当然，亲和力的价值远不止于赢得称赞，它在成功说服他人方面也发挥着非常关键的作用。

玛丽·凯是一家知名的化妆品公司。为了扩大公司产品的影响，玛丽·凯女士自己用的化妆品都是由本公司生产的。她也不建议公司职员使用其他公司的化妆品，因为，她不能理解凯迪拉克轿车的推销员开着福特轿车四处游说、人寿保险公司的经理自己却不参加保险的事。那么，她是如何把这一观念灌输给她的员工们的呢？

有一次，她发现一位职员正在使用另外一家公司生产的粉盒及唇膏。她乘机走上前去，微笑着说道："老天爷，你在干嘛？你不会是在公司里使用其他公司的产品吧？"

她说话语气亲切，脸上洋溢着微笑，那位职员的脸微微地红了。几天后，玛丽·凯送给那位职员一套公司的口红和眼影膏，并对她说：“如果在使用过程中发现任何问题，欢迎你及时告诉我。先谢谢你了。”

再后来，公司的新老员工都有了一整套本公司生产的适合自己的化妆品和护肤品。玛丽·凯女士亲自进行了详细的使用示范。她还告诉他们：以后，员工在购买公司的化妆品时，可以享受优惠。

玛丽·凯亲和的态度、友善的话语，使她自然而然地与员工打成一片，并且成功地灌输了她正确的经营理念。

妙用激将法，成功说服

说服别人，需要有过硬的心理战术和巧妙的方法，移花接木、妙语激将便是方法之一，此法虽然听起来有诡辩之意，但如果能正确地加以运用，会有不错的效果。虽然不能让枯木逢春，至少能让说服目的更容易达到。

《三国演义》中，诸葛亮说服周瑜采纳并执行他的战术时，运用的就是移花接木的方法，使周瑜甘心听从他的安排。

一天晚上，诸葛亮在鲁肃的引领下来见周瑜，周瑜迎他入座。此时，鲁肃率先打开了话题，他对周瑜说："目前曹操率领大军南侵，是战是和我们主公尚未决定，派我们来打听将军的意思，不知道将军您作何打算呢?"周瑜答道："曹操自命为天子，他的军队实力不可小视。我们决不能轻敌啊！应战必败，投靠曹操才能得到安稳。我已经下定决心了，将来见到主公，便当遣使乞降。"周瑜表面上说要向曹操投降，实际上是在刺激诸葛亮，希望诸葛亮来求他，以显示他的威严。因此故意假装要投降，以达到自己的目的。

鲁肃性格憨厚，未识破周瑜的伎俩，大为惊异地说：“这种说法欠妥，江东的基业已经历了三世，怎么能就这么轻易给曹操呢？伯符临终之前，把军务大事托付给将军您。如今出兵抗曹，正是维护江山社稷的时候，将军为何投降曹操呢？”

周瑜诡辩道：“江东大郡，有无数百姓，如果发起了战争，民怨所指必然是我，所以，我才决定投降的。”鲁肃信以为真，争辩说：“将军所言不对，凭借将军的英雄气概和东吴的险固，曹操未必可得逞。”此时，诸葛亮将他们二人的争辩全部听在耳里，已胸有成竹，不禁轻轻一笑。

周瑜见状，笑着问道：“孔明先生为何而笑？”诸葛亮说：“我不笑别人，只是笑子敬不识时务。”鲁肃听得满脸疑惑，不知所云，问：“先生是什么意思，为什么笑我不识时务？”诸葛亮说：“我可以理解将军降曹的理由。”鲁肃用疑惑的眼光看着诸葛亮。诸葛亮继续说：“曹操善用兵，世上无人能敌。以前只有吕布、袁绍、袁术、刘表敢与他对抗。可如今这些人都已经被曹操争取过去了，所以，天下再无匹敌对手。也唯有刘备不识时务，硬要与曹操抗衡，如今落得孤军奋战，生死未卜。将军此计不但可以确保妻儿老小安然无恙，还可以过衣食无忧的富裕生活，至于国家的兴衰存亡，就听天由命了，这有什么值得顾惜呢？”

诸葛亮的言外之意是在贬损周瑜，说他不是曹操的对手，不敢相抗，不能称得上是真英雄，只是个贪图虚荣、安逸，不惜牺牲国家利益来满足自己私欲的小人。

周瑜果然中招，气得难以忍受，自觉颜面无光。但诸葛亮并未就此止步，又接着说下去："我有一条妙计，不用带着酒、印，也不必献上金银珠宝，只派两个使者过江，曹操看见此二人后，必定接受你的投降，百万之众自然会卸甲卷旗而退。"

周瑜听到这里，不禁问道："哪位神通广大的使者能使曹操退兵？"诸葛亮说："我曾经听说曹操在漳河造了一个铜雀台，非常美丽壮观，希望将世间美女聚集于此，曹操原本就是一个好色之徒，早就听说江东乔公足下有大小乔两个女儿，有惊天绝世的容貌。曹操曾就此发誓：'生平一定要实现两个愿望，一是统一四海，成就大业；二是锁二乔于铜雀台，以供晚年享乐。'现在，曹操的百万大军在江南虎视眈眈，志在得到二乔。将军为什么不去找乔公，令其献出二女，派人将她们送给曹操呢？曹操一旦得到这两位美人，必然心满意足、班师回朝。这可是范蠡献西施的计策，值得借鉴效仿啊！"

周瑜问："你所说的话可有证据？"

诸葛亮继续说："曹操次子曹植文才出众，妙笔生花。曾奉父命赋咏铜雀台，赋中的意思是说，曹操是天之骄子，发誓要迎娶二乔。这篇赋文辞华美，其中有几句是'立双台于左右兮，有玉龙与金凤。揽二乔于东南兮，乐朝夕与之共。……愿斯台之永远兮，乐终古而未央'。"

周瑜再也忍不住了，他大发雷霆，站起身指着北方大骂道："老贼欺人太甚！"诸葛亮见状，连忙起身劝慰道："以前单于频频入侵疆界，汉天子以和亲求和平，特将公主嫁了过去，如今仅送两个女子，何以至此？”

周瑜说：“你有所不知，大乔是孙伯符将军的妻子，而小乔正是本将军内人。”

诸葛亮佯装惊讶道：“我实不知情，信口胡说，该死该死！”周瑜说：“我与老贼势不两立！”

诸葛亮假意劝道：“将军可要三思而后行啊，以免悔恨啊。”

诸葛亮的一番“激词”，使周瑜决心应战，朗声发誓：“我已经接受了孙伯符的委托，如何愿屈身投降于曹操呢？我早有北伐之心，绝不变志。希望你能助我一臂之力，共同消灭曹贼。”

至此，诸葛亮的移花接木、妙语激将法已经发挥了效用。他利用一篇赋，把曹操的意图转移到“二乔”身上，激起周瑜心中的怒气，从而达到了此行的目的。

激将法之所以有效，是因为它抓住了对方的自尊心，一旦对方的心理防线被突破，事情就很容易办成了。人人都希望得到别人的尊重，这是人类的普遍心理。人的自尊心一旦受到打击，必然会产生偏激情绪，在这种情况下，人处于不理智状态，思维容易被人控制，所以，此时是说服他的最好时机。许多人在说服他人时都会采用激将法去攻击对方的自尊心，以此来达到自己的目的。

那么，怎样才能灵活运用这种方法呢？

1. 正确掌握对方的性格特点

一般来说，自尊心强、性格外向、感性冲动的人，比较容易产生激动情绪，对这样的人使用激将法，效果应该不错。而对那些心思细腻、思维逻辑严谨、谨小慎微、性格内向、比较理智的人，不宜运用此法。因为这些人比较敏感，内心深处会因此产生抵触情绪，对你严加防范，反而增加了失败概率。

2．不要表现出自己的意图

使用激将法，关键在于不要表态，否则，容易使别人产生被利用的感觉。最好的办法，就是说些对对方有利，或者能使对方的才华显露的话，这样说服效果更好。

引起共鸣，使话题深入人心

在人际交往过程中，如果想给别人留下一个深刻的好印象，就必须想方设法使谈话内容引起双方的共鸣，并尽量语出惊人，让对方对你刮目相看。

要想让别人对你有一个全新的认识，最有效的方法就是通过语言让别人对你的看法发生转变，从而抓住听者的心。若想抓住听者的心，应该注意以下几点：

1. 察言观色，了解对方心理

现代社会的人际交往，往往要求人们有察言观色的能力，虽说这种交际方式有矫揉造作之嫌，但却是交际中不可缺少的重要因素。因为，如果缺少察言观色，就会缺少原动力，进而失去原有的有利优势。若不能察言观色，则不能正确了解对方心理，更不可能说出别人爱听的话。

比如，与你聊天的是一个刚刚失去工作的人，那么，他最讨厌听到的就是与工作有关的话题。如果你不能了解对方的所思所想，就很可能会说出不得体的话，使对方对你产生厌烦的感觉。此时，切记不可炫耀自己的工作有多么好，而是应该尽力开导和劝慰对方。有一句歌词是："心若在，梦就在，天地之间自有安排；论成败，人生豪迈，只不过是从头再来。"应该用这样的话激励对方，使对方重整信心，开创新的事业，还可以给他讲一些成功人士起起伏伏的人生经历。这样一来，能迅速拉近双方的感情。

韩蕊是个自卑的姑娘，因为相貌平庸，所以她性格自闭，不爱交际。一次，韩蕊在百无聊赖的情况下参加了一场舞会。出于自卑，韩蕊躲在一个不起眼的角落里，不愿与人交流，舞会进行了一半，仍然没有人邀请她跳舞。这一切，都被细心的李波看在眼里。于是，他走到韩蕊面前，彬彬有礼地邀请她跳舞，韩蕊自然非常高兴，十分乐意地接受了他的邀请。一首舞曲结束了，韩蕊仍然处于兴奋状态中，李波见此情景又说："你跳舞跳得这么好，为什么总躲在角落里呢？你的资质不比任何人差，应该大胆地走出来，要对自己充满信心。这样，你会变得更加漂亮。"韩蕊听后，心中充满了感激之情。就这样，两个陌生人之间的距离仿佛瞬间被拉近了。这就是察言观色、了解他人心理的好处。

2. 把握时机，巧妙插入话题

在与人交谈的过程中，不要轻易放过任何一个结识新朋友的机会。不过，这样做的前提是：要在适当的时候，用适当的话语征服对方的心。其实，把握交谈时机并非难事，只要审时度势，在适当的时机介绍、表现自己，把合适的话题巧妙地插入交谈之中，让对方充分了解自己，就能拉近彼此之间的距离，培养双方的感情。除此之外，还有可能在言语上引起共鸣，获取收益。

王先生非常喜欢晨练。一天，在晨练过程中，他听到一位女青年在河畔唱歌，歌声悦耳动听。王先生情不自禁地驻足河畔，静静聆听女青年唱歌。片刻后，他很礼貌地对女青年说："你的歌唱得非常好，很有音乐天赋，我完全陶醉在你的歌声里了。"女青年听了之后，高兴地说："谢谢，我是北京音乐学院的学生，已经学习唱歌三年多了。"两人开始了一场由浅入深的交谈，逐渐找到了共同点。于是，他们开始谈对音乐的热爱，还谈到了对进入音乐圣殿的向往。这样一来，不仅加深了彼此之间的了解，而且拉近了彼此之间的距离。

实际交往中，与你打交道的人总是多种多样的。对待这些人，一定要因人而异。对待性格比自己更内向的人，应该说一些比较轻松的话题，如籍贯、天气等，千万不要与对方谈论一些大的哲学道理或是高深的学术问题，因为这样容易使对方产生压迫感，不利于进一步交流。与性格内向的人交谈，最重要的是营造一种轻松、愉悦的谈话气氛。这样一来，比较容易激起对方的谈话欲望。

投石问路，后发制人

想要达到说服人的目的，就不要过早地透露自己的真实意图，有时需要绕道而行，聊些对方感兴趣的话题，然后再按照预定方案实施自己的计划，这样成功率更高。倘若一开始就与对方“唇枪舌剑”，单刀直入，往往会遭到拒绝。

伽利略年少有为，他年轻时就下定决心要在科学研究上有所突破，并希望得到父亲的支持与赞许。

一天，他对父亲说：“父亲，我想向您请教一件事，为什么您选择了母亲？”

父亲简单地说：“我喜欢她。”

伽利略又说：“您只愿娶母亲？”

父亲说：“是的，孩子，我向老天发誓。当时家里希望我娶一个贵妇，可是我对你妈妈情有独钟，不愿意与其他女人结婚，你母亲当年是一位姿色动人的姑娘。”

伽利略继续说：“确实如此，你只娶你爱的人。可是，父亲，我现在也陷入了同样的处境。我只喜欢科学，除了科学以外，我无法从事其他行业。我认为，其他职业对我来说没有任何意义，难道父亲要我违背我的内心吗？科学是我今生最为热爱的行业，也是唯一的追求，我对它的爱胜过其他所有行业，凡人皆愿成家，哪怕是最穷的人，都想过自己的婚事，可我却只想与科学为友。我不曾与人相爱，我想今后也不会，我只愿与科学为伴。当人们问及婚事，我就感到羞臊。”

父亲沉默，陷入了思考。

伽利略继续说：“亲爱的父亲，我自信有能力为科学做贡献，为什么不让我去实现自己的愿望呢？我有决心能成为一名杰出的学者，并获得教授身份。有了这个工作，我一定会比别人活得更幸福。”

父亲说：“可是我无法给你资金上的支持。”

伽利略充满期待地说：“父亲，您听我说，许多贫困生都是靠领取奖学金来读书的，这钱是公爵宫廷给的。能否为我申请一次呢？您在佛罗伦萨有那么多朋友，他们对您也是十分尊敬的，如果去请他们帮助，我想一定会有人帮我的。”

父亲被伽利略的话打动了：“嗯，我会尽力支持你。”

伽利略抓住父亲的手说：“我求求您，您一定要想尽一切办法。这关系到我的一生。我以人格向您保证，我会成为优秀的科学家，并以此来报答您。”

最终，伽利略借助父亲的帮助，实现了自己的理想，成为一位令世人瞩目的科学家。

那么，说话时应如何婉转表达，又怎样才能实现自己的

目的呢？以下几点可供参考：

1. 先做铺垫

许多人喜欢单刀直入式的说服方式，认为这样最直接有效。殊不知，并非任何人都适合这种说服方式。因此，就要因人而异。现实生活中，委婉的表达方式往往更容易说服对方。

在说服别人时，先讲些无关主题的话，这样不但可以降低被说服者的防范意识，还可以使交谈的双方产生共鸣，为实现目的奠定基础。

2. 推彼及此

在闲谈过程中，多谈及两人的共同爱好，让对方感觉你们之间有许多共同的特质，从而产生共鸣。

3. 真情实意

以情动人是有效的说服方式，将诚恳的态度、实实在在的感情展露在别人面前，一般情况下，是可以让对方接受你的。

以退为进，解除戒备

人都有自尊，都爱面子。生活中有一些人明知自己错了，却仍然强词夺理，坚持不让步。还有一些人，自高自大，或戒备心理很强，别人的话通通听不进去。要想说服这些人，最好采取先退后进的策略。

> 战国时期，齐国有个人得罪了齐景公，齐景公大怒，命人将他绑住，召集左右武士肢解他，谁要劝谏，一律斩首。晏子左手摸着这人的头，右手磨着刀，仰面向齐景公问道："古代贤明的君主要肢解人，你知道是从哪里下刀的?"齐景公听后离开座席说："放了他，过错在寡人。"

晏子为了说服齐景公不要肢解得罪他的人，首先，他顺从他、附和他，让齐景公信任他，赢得发言权，进而申明大义，道其"贤明"，使齐景公茅塞顿开，不再坚持杀人。这个例子告诉我们，如果某人比较傲气，不愿听你的话，你可以尝试说"我有几句话想说，不知对不对，如果说错了，请你纠正"之类的话。这样一来，你的谦逊姿态将会奇妙地诱使他听你讲话。

再如，某人坚信自己能力强，但因仕途不顺，颇为气恼。这时候你可以劝他：“如果我是你，也会生气的，但是仔细想想，生气不能解决问题……”这样他会认为你是知己，进而相信你所说的话。

在与人交谈中，把对方的话题和看法先承接下来，予以赞同，能够缓解对方的对立情绪，使对方听你讲话。然后，再话锋一转，改变原来对对方的某些看法，使对方比较乐意接受。

许多人在劝说别人时，总是试图证明自己是完全对的，对方的所有观点都是错误的。

其实，精明的劝说者总是就某些事情做些让步，并找出与对方一致的观点，逐步劝解，从而使对方改变主观意见和态度。

对方提出某种观点，不能毫无道理。因此，要想说服对方，不妨先承认其观点的正确性，然后再转折，比如：“是的，你在那件事情上当然是正确的，但是……”“是的，我明白你的意思，但是……”

采取这种“是的……但是……”的转折技巧，温和而准确地陈述你的情况和理由，使他易于接受你的话，心悦诚服地赞同你的观点。

这样的说话技巧使对方由于自己的话题被认同，从而认为自己被肯定和接纳，最初对立的情绪就会逐渐减弱，直到被人说服。

用数字说话，更有说服力

几年前，飞机出事比较多，媒体纷纷报道了这些情况。经常外出的人，可谓谈飞机色变。

一次，一位旅客前往航空公司咨询相关事宜，他幽默地对售票员说：“小姐，我想乘坐飞机出行，但我担心飞机会出现事故。如果真的碰上了，这条命就没了。”

售票员不以为然地说：“先生，飞机出现事故是一件非常严重的事情，这种事情太少见了。正因为这样，所以，出一次事故便吓坏了旅客。其实，飞机出事的概率连百万分之一都不到，还没有中大奖的概率高呢，奖券每期都有中大奖的，难道每班飞机都会出事故吗？”

那位旅客若有所思地说：“有道理。”

售票员见状继续说道：“近年，有关部门对飞机失事问题进行了许多调查和安排，飞机出事概率已经相对减少了许多，飞机比过去更安全了，确切地说，其出事比率已连十亿分之一都不到。因此，乘坐飞机出行应是首选。”

售票员的一席话，使那位乘客的不安全感一扫而空，面对客观的“数字”事实，该旅客痛快地订下了机票。

售票员说服旅客时所使用的方法，就是用数字说话。她以数字为依据，一针见血地打消了旅客的顾虑。

数字是最有力的事实论据，人们很愿意相信。几年前，在美国专门为企业、个人提供数字依据的公司多达350家，许多规模较大的公司的主要职责，就是通过市场调查，得出一些准确的数据，为领导决策提供参考。英国政治学家迪斯莱说过：“谎言有三种：单纯谎言、令人讨厌的谎言和数字。”

某机械厂的推销员就是依此说服了河南新密市一位开汽车跑运输的个体户，成功售出装载机。当个体户向推销员询问装载机的好处时，推销员说：“现在，使用装载机的地方很多，但很少人拥有它，如果能买上一台装载机，不但不会赔钱，反而还会大赚一笔。自己不用时，可以将其出租，以市场价来看，出租一台机器每小时不低于60元，照这样算，一天的纯收入大约是500元。以此类推，只需要8个月，便能赚回本钱，以后不就可以赚钱了吗？而且远比你现在更赚钱。”个体户立即改弦更张，跟该机械厂的推销员签下了订单。

通过利用数字来达成交易，不失为一种很好的策略，其成功的关键在于你能不能将数字与口才连接在一起。

在一家地毯专卖店里，一位顾客走到一块地毯前，向营业员询问价格。营业员答道："每平方米24.8元。"顾客听后随口说了句："太贵了。"转身便要离开，营业主管目睹了整个过程，走过来对顾客说："您好，我是这里的主管，事实上如果您想在您的卧室铺这块地毯，只需花一毛多钱。"顾客好奇地问："一毛多钱，这怎么可能？"主管解释道："我替您计算过了，如果您的卧室是10平方米，每平方米地毯需24.8元，但地毯的实际寿命是5年，每年按365天计算，因而事实上您每天花一毛多钱就可以拥有铺有美丽地毯的卧室。"

听完主管的解释，顾客赞同地点头，立刻买下了这块地毯。

第四章

说服高手最爱用的说话技巧

比喻说服，让语言更形象

说服的语言，要想既朴实无华，又具有很强的穿透力，使对方乐于聆听并能受到启发，不会感到枯燥、乏味，就应该适当地运用一些生动的比喻。巧妙地运用比喻，对于提高说服语言的清晰度和准确性，是十分有用的。

比喻，就是用人们已知的东西来解释人们未知东西的一种修辞方法，它能给人提供一种具体可感的形象，从而深化对方对问题的理解。

从古至今，许多思想家、教育家、政治家，在宣扬自己的思想、观点时，都会运用生动形象的比喻。

我们在劝导、说服对方时，可以借鉴前人的经验，灵活地运用生动形象的比喻来说明自己的观点，增强说服语言的趣味性。一旦对方对我们的说服语言产生了浓厚的兴趣，那么，在这种心理状态下，我们进行的规劝必定会在他心中留下深刻的烙印，让其终身铭记。

生动形象的比喻，不仅能使深奥的道理变得浅显、易于被对方接受，而且只要运用得好，还能给对方带来深刻的启发、极大的鼓舞和有力的鞭策。

运用比喻说服，通过以事寓理、形象比喻的方法，能使说服语言显得更加委婉，使说服对象在交谈中不知不觉地领悟到说服者所要表达的思想。

英国物理学家罗滋博士说：“请记住运用比喻是十分必要的，用比喻来说明事理，不但能让听众更好地明白，而且还能引发他们的兴趣。”

当然，比喻也不能滥用。只有恰当地运用比喻，才能发人深省，耐人寻味，所讲的道理也才能真正让人明白。如果使用不当，就容易变得华而不实，甚至令人啼笑皆非，产生负面影响，说服也就达不到理想效果。

运用对比，让说服更具体

对比说服，就是指通过真实具体的对比，较好地完成说服的工作。这种方法不落俗套，独具特色，说服的效果也很好。

没有对比，就无法鉴别，对比是“鉴别剂”。在自然界，高山与低岭，大河与小溪，苍松与劲草，大象与蚂蚁，稍加对比，其大小之别，就清晰可辨。在社会生活中，正义与邪恶，高尚与卑鄙，勇敢与怯懦，慷慨与吝啬，一经对比，其是否之别，则泾渭分明。

实践告诉我们，作为一名说服者，光拥有真理是不够的，还必须掌握宣扬真理、启迪心灵的艺术。巧借对比进行劝导说服，就是这门艺术的一种具体表现手法，也是我们对他人进行思想启迪所必不可少的“制胜武器”。

巧妙地运用对比，能使贪得无厌的人变得心满意足；能使安于现状的人变得积极进取；能使悲观消极的人变得乐观积极；能使盲目自大的人懂得量力而行；能使聪明的人认识到自己的愚蠢；能使弱者发现自己的优点；能使发难者感到理亏。

人与人之间，是通过对比才有了“这一个”与“那一个”之分。每个人都有自己的优劣长短，对比说服就是根据每个人的不同情况，针对说服对象的思想特点，运用对比方式来说服对方，使之自觉放弃原有的错误观点，改变原有的不科学、不冷静、不实事求是的思维方式，正确地分清是与非、美与丑、善与恶，从而激发其去恶从善、见贤思齐的意识。否则，会变得牵强附会，大大地削弱对比说服的效果。因此，在运用对比方式进行说服时，一定要注意选准对比的角度，把对比的双方置于平等的地位。只有这样，对比起来，谁高谁低、谁优谁劣、谁是谁非，才能够一目了然。

对比说服，应用也比较广泛，不仅局限于将说服对象与其他人进行比较。当说服对象在某事物面前难以抉择时，你也可以运用这个方法帮他进行判断，实际上是在不劝之中进行说服，在不断之中给予决断。

唤醒说服，激发心理潜意识

人的正确的自我意识并不是与生俱来的。一方面，人们通过不断地进行实践和学习来获得正确的自我意识；另一方面，则依赖于他人的引导。这种“引导”其实就是运用心理学上所说“意识唤醒”的方法，促使外因通过内因起作用的过程。把这种外因作用置于言语交际的方面，实际上是为我们提供了一种新的说服方法——唤醒说服。

一般来说，运用唤醒说服可从以下几个方面入手。

1．唤醒年龄特征意识

人到了某个年龄阶段就该出现相应的心理特征，但有的人却迟迟表现不出来，这时，只要你稍加引导，他就有可能会醒悟，甚至可能会发生心理意识的飞跃。

2．唤醒性别特征意识

不同性别的人具有不同的自我心理意识。然而，有些人却缺乏这种自我意识。善于做引导工作的人，就会抓住时机，从唤醒对方性别特征意识的角度加以引导，使之产生心理上的飞跃。

3．唤醒角色心理意识

在社会生活这个大舞台上，每个人都充当着一定的角色。当人充当着某种角色、角色发生转换或被赋予某种特殊角色时，总是会产生特定的角色心理意识。

4．唤醒社会责任意识

社会生活中的每一个人，在享受着各种各样权利的同时也承担着相应的社会责任。有些人意识不到他必须承担的某些社会责任，可以从唤醒对方的社会责任意识入手，通过引导，使之明白自己的社会责任，并担负起应尽的义务。

5．唤醒自我价值意识

每个人都有希望别人尊重自己的言行，都有自觉维护自身荣誉和社会地位的自我意识倾向，这是一个人对需要实现自我价值的迫切反映。它是一种与自信心、进取心、责任心、荣誉感密切相连的积极的心理品质。

古人云："水激石则鸣，人激志则宏。"善于做说服工作的人，总是能够唤醒对方迫切希望实现自我价值的潜意识和强烈的自尊心，从而将之转化为巨大的精神力量。

综上所述，可以看出，唤醒说服在言语交际中的主要功能是通过语言这个外因激发出对方潜意识中的"良知"，使之认识到自己年龄的、性别的、角色的心理意识特征，意识到自己的社会责任和自我价值，从而促使其通过自我批评、自我监督、自我鼓励、自我修养，不断地自我完善，在认识上达到一个新境界。

总而言之，唤醒说服这种激发心理潜意识的说服艺术，在人的言语交际中，具有很强的实用性。

善借于物，顺水推舟巧说服

借助于某种事物进行劝导说服的方法，称为借物说服。

物教与言教的关系是：物教引导言教，言教是物教的升华。物教为言教提供了具体可感的实践根据和物质条件，言教为物教的发展和深化做了抽象的理论概括，是物教内在哲理的进一步升华。物教是形象化了的言教，言教是抽象化了的物教。

运用借物方式进行说服，一般的过程是：先借物，后说服。借物的过程，就是确定说服主题思想的过程。借物的过程一完成，应该立刻顺水推舟地转移到主题上来，使得所借之物的含义与说服的道理融会贯通、顺理成章。这样，所借之物才能更好地为说服服务。否则，所借之物与说服时所表述的思想观点没有丝毫联系，形成了“两张皮”，那就失去了借鉴的价值，甚至有画蛇添足之感。

在所有借物说服的例子中，最典型的要数孟母教子。早在两千多年前，它就为我们树立了“子不学，断机杼”的典范。她运用借物说服，使得孟轲感悟至深，从此跟随子思，发愤图强，努力学习，终于成了一个大学问家。

孟母断机劝学的故事，千百年来一直被传承下来。母亲作为孩子人生中的第一任老师，对于孩子的成长起着巨大的作用。多少年来，人们在谈论家庭教育，尤其是谈到母教时，都会列举此例，夸赞孟母教子有方。

但是，仁者见仁，智者见智，从思想教育方法论的角度，我们看到的却是孟母高超的说服艺术。她用借物方式劝导孟子学习，给枯燥抽象的说服教育赋予了易于感知的形象性，加重了说理的分量，使说服对象顺物而明理、受理而感化。这在说服艺术的历史上真是一个杰出的典范。

借物说服的实践经验告诉我们：借物说服成败的关键，在于能否找到一个可以借以说理之物。孟母说服儿子不要荒废学业，找到了一个能够表达说服思想的“机杼”，因此，才取得了理想的说服效果。孟母借助“断机”，引出“中途辍学，难成有用之才”的说服思想。

这种说服之所以能够成功，就在于说服者巧妙地把“借物”与“说服”二者融为一体，彼此相得益彰，使得借物说理的过程自然过渡，水到渠成。所借之物形象具体，所论之理抽象概括，事物与道理，浑然天成。

因此，在运用借物说服法之前，必须要有充分的准备过程，要从纷繁复杂的现实生活中选取最能够表达说服思想的事物，将之与自己的说服思想结合起来，使二者天衣无缝，说服时才不留痕迹。

归谬说服，让对方认识到自己的错误

归谬说服指的是不去直接反驳对方的错误观点，而是先假设对方的观点是正确的，然后，据此推论出一个连对方也不得不承认是荒谬的结论来，从而使对方自愿放弃原有的错误观点和主张，自然而然地接受说服者输入的思想信息。

据《史记·滑稽列传》记载：楚庄王有一匹心爱的马，他用上好的布匹做成衣服给马穿，用珍贵的枣果喂养它，将它放在华丽的屋子里供养，还给马专门做了一张床。结果，这匹马因为吃得太多，反倒死了。楚庄王非常伤心，欲以“棺椁大夫礼”为死马举行丧事。朝臣们都劝他，可楚庄王不但不听，反而生气，下令道：“谁敢再来谏我葬马，就处以死罪！”

优孟听知此事，进到大殿上来，仰面大笑，庄王诧异，问他为什么笑，优孟答道：“这是大王您最喜爱的马呀！我们楚国乃是堂堂大国，什么排场没有呀，而大王只以区区大夫的丧礼来葬马，实在是太寒酸了！我认为应该以君主的葬礼来安葬它。”

庄王问："那该怎么办呢？"

优孟说："应该用雕玉为棺，用文梓做椁，调动大批士卒修建坟地，征用大批百姓来搬运石土。送葬时，让齐国、赵国的使节站在前面，让韩国、魏国的使节站在两边。还要为它修建庙祠，用太牢之礼祭祀，封给它有万户的城池。这样一来，大家都知道大王您把人看得轻贱，而把马看得很尊贵。"

庄王一听，幡然醒悟，深责自己险些铸成大错，于是，打消了以大夫礼葬马的念头。

庄王葬马，本身就很荒谬，而拒听劝谏，更是蛮横无理。这时候，任何人再一味地正面劝谏，都是不识时务，其后果不堪设想。

优孟的聪明之处在于他没有继续正面劝谏，而是采用顺水推舟的方法，把貌似合理的东西极端夸大，顺着楚庄王错误的思路向前延伸，直到连楚庄王本人也认识到荒谬，使楚庄王心悦诚服地听从劝谏。

运用归谬方法让对方认识到自己的错误，还可采用这样一套方式：先提出一些问题让对方谈自己的见解，哪怕对方说错了，也不要忙着马上指出，而要继续提出补充的问题，诱导对方在错误的前提下得到显然荒谬的结论，使之不得不承认之前的错误，然后，再设法引导他随着你的正确逻辑思考，一点一点地认同你所主张的观点，达到劝导说服的目的。

巧用暗示，非对抗的说服技巧

暗示说服，是指在不产生对抗情绪和没有对抗条件的情况下，用含蓄的、不做论证的方式，改变人的态度和观点，使之自然而然地接受某些信息或按某些方式去行动。

有意避开正面交锋，不直接进行劝说说服，能使说服对象通过自己的感悟、推理和联想，自觉地放弃旧思想，树立起新的立场、观点和态度。被暗示者的这些变化，看上去好像与说服者无关，但实际上这全是说服者精心筹划、巧妙设计的结果，其中还包含了说服者的聪明与智慧。

当然，暗示法并不适用于所有说服对象，只有对那些反应灵敏、理解能力强的人才能使用此方法，因为这种人思维比较敏捷，在认识事物时往往能够举一反三、触类旁通，善于联想。

所以，使用暗示法，也要视对象而定。如果对方反应迟钝、理解能力差，你所发出的暗示信息，就会像秤砣掉在棉花上——没有回音，做出的行动得不到积极的响应，那么，问题自然也就得不到解决。

暗示说服主要通过言语来实现，被暗示者往往会在交谈中不由自主地领悟和接受暗示者言语中包含的暗示信息。

影响暗示作用的发挥，除了语言之外还有其他因素。比如，说服者的行为举止，或者说服者有意布置和创造的特定情境，都可以成为丰富的暗示源。

如果说服者把言语暗示、行为暗示和情境暗示巧妙地融合在一起，彼此相互配合，暗示得就能更加明显，就会取得事半功倍的效果。

实践证明，暗示的影响力的大小，往往还取决于暗示者的地位和身份。暗示者的地位和身份越高，他在受暗示者心目中的威望越高，他的暗示产生的影响力就越大。换句话说，暗示的影响力的大小，离不开人们对暗示源的信服程度。

所以，使用暗示说服和使用其他任何说服方法一样，树立说服者的威信是十分必要的。

树标说服，引人共鸣

树标说服，就是根据人们善于模仿的心理特点，在说服过程中给对方树立一些鲜明、具体、生动、形象的好榜样，从而进行生动形象的感知教育，使说服对象能够比有样板、学有榜样、赶有目标、超有方向。这比单纯的说服教育更具有感召力，更容易引起对方的感情共鸣，给人以激励和鞭策，激发他们模仿和追赶的愿望。

心理学研究表明，当一个人感知到别人的行为时，就会产生进行同一行为的愿望，这样就产生了模仿。当看见别人做好事时，自己也会想去尝试，一旦这种从善的心理发展为从善的信念，进而升华为从善的意志，就很容易产生从善的行为。

通常来说，人们并不认为自己的大多数行为是受人指使或受人引导的，因为人们丝毫察觉不到别人的行为对自己造成的影响。

当然，这种善于模仿的特性，决定了人在模仿他人的良好行为时，也容易受到不良行为的感染。许多年轻人看了暴力电影和淫秽书籍，往往误入歧途，导致犯罪，这就是一个有力的证明。所以，在说服中有意识地运用心理学中有关模仿的心理特征，采用树立榜样的方法，用典型来做引导，激发说服对象积极的模仿意识，有着十分重要的意义。

树标说服，可以从正反两个方面列举大量古今中外的典型事例，来启发引导和制止约束说服对象的思想行为。用正面的典型事例，对说服对象的思想行为进行正面积极的诱导；借反面典型，给说服对象的思想行为以约束和制止。

中国有句古语叫“人往高处走，水往低处流”。一般来说，每个人都希望自己成为受人尊敬、对社会有益的人，很少有人愿意自甘堕落。因此，在讲正面例子时，要讲得生动形象、鲜明具体，能够扣人心弦，让正面形象深深印刻在说服对象心中，直至征服他。但要注意不能脱离客观事实，随意夸张放大。

在讲反面例子进行劝诫时，切忌对恶人恶行津津乐道、叙述详尽。换句话说就是，讲解反面例子宜粗不宜细，不是单纯地侧重于对犯罪行为的描述，而应该侧重于讲述过程的分析环节，分析要有批判性，态度和观点要鲜明正确，以防产生消极影响。

现身说服，利用榜样的力量

对于说服对象来说，榜样与具体事例是真实的、可学的，会使他们认识到：“他说的都是自己的真事和经验之谈，我应该认真借鉴才是。”这种观念一旦树立，就会产生一种积极效仿他人的精神需要。

现身说服，感情真挚而发人深省，态度殷切而意味深长，能够拉近主客体之间的心理距离，具有通感性。如果恰当运用，会使说服对象的心灵产生高频率的振动，容易引起双方强烈的情感共鸣，进而实现主客体之间的心理沟通。

在运用现身说服这个方法时，要注意的是说服者所讲的事情必须是自己亲身经历的，并且包含自己真实的切身体验，只有这样才能从中提炼出动人心弦、开人心窍的生活哲理。然后，才能再用抽象的生活哲理去引导别人摆脱眼下的困境。

运用现身说服，还要注意一点，即讲述的个人经历，必须要与说服对象目前所处的困境有相同或相似之处，或者在本质上有必然联系，这样才能使二者具有可比性，前者领悟出来的道理，对后者来说才有价值。否则，对方会认为你述说的经历以及领悟的道理与他没有丝毫联系，那就起不到说服的作用。

当然，运用现身说服，并不需要对自己的经历进行详尽的回顾，最关键的是要把解决类似问题的方法介绍给对方，使之简明扼要地呈现在说服对象面前，这是现身说服的根本环节。紧紧抓住这个环节，之后所进行的说服才会有感召力，才能令人信服。

运用现身方式进行说服，谈的都是说服者自身的经历和体会，其最终目的却是要以此激励和鞭策对方。因而特别要求态度要亲切自然、坦率诚恳，让对方在自觉的比较中产生心灵共鸣，愉快地接受你的说服。千万不能在对方面前故意借机炫耀自己的“光荣历史”，给人留下一种自我吹嘘与标榜的坏印象。

如果故意炫耀自己的功绩和优点，借此来贬低和挖苦对方的缺点和不足，只会引起对方的厌恶，这根本不是在说服对方。

第五章

把握分寸，把话说得尽量圆满

不该说的莫开口

与人交谈的时候，该说的话留一点，不该说的不开口。因为，说出去的话如泼出去的水，无法收回。任何人都无法预测一句话会造成什么样的后果，说不定哪句不合适的话会惹来不必要的麻烦。这就要求人们在说话之前要深思熟虑，想好再说。

刘燕在一家饭店当服务员，可刚上了一天班就被老板炒了鱿鱼。原因是她问了一句不该问的话。

那天，饭店里的生意特别红火。刘燕刚上班，就来了三位客人，她连忙过去，面带微笑地走向客人，准备为他们点菜。第一位客人点了一份鱼香肉丝，第二位点的是糖醋排骨，第三位点的是京酱肉丝。点完菜以后，三位客人又强调了一句：饭菜要干净一点。

不一会儿，这三位客人点的菜就做好了。刘燕端着盘子出来，她一边朝三位客人就座的方向走去一边大声问："这份干净一点的菜你们谁要的？"

就因为这一句不该问的话，刘燕丢掉了饭碗，因为这句话给饭店造成了很坏的影响。

说话不仅要根据情况的不同采取不同的表达方式，还要注意语言的使用，不要让人误解，否则，就违背了说话的最初目的。

几位大学生去敬老院慰问一位退休老教师，见面后问道："田老师，您老的身子骨真够硬朗，今年高寿?"

老人家高兴地说："八十九啦。"

大学生继续说道："在退休老教师里面您可称得上是长寿将军了。"

老人家面带微笑地说："哪里，××年龄比我大，他已经九十高龄。不过，他去年到西天极乐世界了。"

"哟，这回可轮到您了。"几位大学生脱口而出。老人家听到这里，脸色骤变，板起脸来把他们撵了出去。

其实，大学生们实际上是想说，长寿将军的光环该套在老人家头上了，可他们说话的歧义使老人家误认为他们在咒自己死，结果他们原本是好意，却产生了负面效果。

祸从口出，语言不当会带来负面影响。所以，管不好自己的嘴，就相当于在自己身上绑了一颗定时炸弹。

那么，怎样才能把话说得恰到好处呢？不妨参考以下几点：

1．不要多嘴多舌

生活中，免不了有这样一类人：心里藏不住话，听到什么、看到什么后，总喜欢说出来，就像大喇叭一样四处传播。所谓“病从口入，祸从口出”，说的就是多嘴多舌导致的后果。

有人认为：“人长一张嘴不就是为了说话吗?”当然，人长了嘴巴不用是不可能的，但是说话要讲分寸。大凡处世精明的人说话时总会留一手，做到该说的说，不该说的宁可烂在肚子里也不说。

2. 不要使言语产生歧义

说话前，必须仔细斟酌所说之话是否会产生歧义，尽量把话说完整，这样才能赢得别人的好感，才算把话说得恰到好处。要知道一句有歧义的话，很可能破坏原本融洽的谈话气氛。

3. 说话时要经过大脑

说话前一定得看场合、看时机，权衡利弊。如果说话不看场合，不讲究方式方法，也不考虑后果，往往会惹出祸端。尤其是处世尚浅的年轻人，因为社会阅历少、经验不足，大有一种初生牛犊不怕虎的气势，不管什么场合，不论什么时机，口无遮拦、滔滔不绝。长此下去，必定会吃亏。

4. 不要充当“长舌妇”

日常生活中，因说话惹出风波的事情实在太多了。搬弄是非，捕风捉影，四处乱传，闲言碎语，添枝加叶，会给许多人造成痛苦和烦恼。

一位哲人曾说：“害人的舌头比魔鬼还要厉害，上帝意识到了这一点，用他那仁慈的心特地在舌头外面筑起一排牙齿、两片嘴唇，目的就是告诫人们说话要有遮拦，要深思熟虑后再说，避免出口伤人。”

言由心生，说什么样的话，首先要用脑思考。在每句话出口前，必须先经过大脑筛选，不让不当言辞溜出口。

凡事不把话说绝

当与他人有矛盾之后，不管是谁心里都会不舒服，极易失态，随口说出脏话或错话。一时说了狠话，也只是暂时感到痛快，而自己的名声和与人之间的关系则受到了伤害。无论有多大的矛盾，我们都要有一个最基本的底线，不要把话说得太绝，而要给彼此台阶下。

一位客人在一家卖场买了件衣服，之后希望退掉它。这件衣服她穿过一次并且还洗了，但她说“我肯定没有穿过”，强烈要求退货。

售货员看了看衣服，干洗的痕迹十分明显。如果直接提出这个观点，顾客肯定不会直接承认，她之前也说了“肯定没有穿”，同时仔细地处理过了。

售货员见此情形说道：“我觉得会不会是你的家人不经意间把衣服送到干洗店了，我之前也有类似的事发生。我把新衣服和旧衣服放一起了，后来我老公不知情，把新旧衣服同时丢进洗衣机，会不会你也是这样自己不知道？这件衣服很容易就能看出被干洗过了，你要是不相信，可以和没洗过的衣服比较一下。”

在证据面前，顾客无话可说，同时售货员也站在她的立场考虑，让她有个台阶下。她顺着台阶下来，把衣服带走了。

如果售货员直接揭露客人的想法，并坚持对方骗人，就让彼此无路可退，接下来的场景可能十分尴尬。人们常常吃软不吃硬，尤其是一些性格十分刚烈的人，如果你来“硬”的话，他就会比你更加强硬；如果你说话“软”，他也不忍心，也会改变自己说话的语气。

有时候人们会说：“这种情况下，我本来就不想和他继续当朋友，说绝就说绝。”值得吗？一时的矛盾并不意味着绝交。

友好地分手并不会影响以后的和好。绝交有时候并不是因为彼此的感情彻底破裂，而大部分是因为有误会。如果相互之间都用比较友好的态度，别把话说得太绝，总有一天误会会解除，彼此的关系还能修复，友谊才会开花结果。类似的例子很多。

但有的人不理解，只要和别人闹矛盾就要争吵，与人针锋相对，不给双方留任何退路。这样虽然痛快一时，不过，在痛骂对方的时候，也就让自己显得一无是处。其他人还会从这件事上发现你是这么地刻薄，从来不留后路，行事如此冲动。

在发生矛盾时保持冷静，能从侧面体现一个人高尚的道德情怀。一般来说，一个人的度量很难判断。但和别人有矛盾以后，你作何反应，会显示出你是否是一个有肚量的人。也只有品德高尚的人，才能保持冷静，理智地面对，不轻易说狠话。善意地阻止相互之间进一步受到伤害，也是展现自己的诚意。

话不点透，以免伤人心

说话的魅力在于让听话者能自觉认识到自己的错误，心悦诚服地加以改正。讲话者则需要运用一些技巧，尽量做到既不把话点透，又可以让对方听出自己的潜台词，这样才不至于将谈话双方置于尴尬境地。

在北京一著名饭店，一位外宾用餐之后，顺手把精美的景泰蓝食筷悄悄装入自己的西装口袋里。

这一切都被服务员小姐看在眼里，她不露声色地迎上前去，双手擎着一只装有一双景泰蓝食筷的绸面小匣子说："我发现先生用餐时，对我国景泰蓝食筷爱不释手，非常感谢您对这种精细工艺品的赏识。为了表达我们的感激之情，经餐厅主管批准，我代表本店，把这双图案精美且已经严格消毒的景泰蓝食筷送给您，并按照我们酒店的优惠价格记在您的账簿上，您看如何？"

外宾当然听出了这些话的弦外之音，当即表示感谢，并解释道："我刚才多喝了几杯酒，头有些发晕，误将食筷放入口袋里。"并借这个"台阶"说："既然这种食筷不消毒便不能使用，我就‘以旧换新’吧！哈哈。”说着他取出食筷恭敬地放回餐桌上，接过服务员小姐递给他的小匣子，不失风度地向收款台走去。

人非圣贤，孰能无过。人有时难免会做出些不太合理的事，或者是办了错事。在这种情况下，面对别人的过失或错误，我们就要注意说话的方式。尤其是在交际场合，既要指出对方的错误，又要给对方留些自尊。

心理学研究表明，任何人都不愿将自己的错误或隐私在公众面前曝光，一旦这种情况发生，就会感到难堪或恼怒。

因此，在人际交往中，如果不是因为有某种特殊需要，一般要尽量避免触及对方的敏感区，避免让对方当众出丑。必要时可含蓄地指出对方的错处或隐私，给他造成一种心理压力。但不能过分，点到为止即可。

言有尽而意无穷，话中有话，既提出了忠告，又赢得了对方的信任。这样一来，就会多一份舒心而少一份烦恼。

用坦诚的语言感染对方

众所周知，求人过程中，言语是关键，同一句话用不同的方式去表达，会产生不同的效果，究竟如何说服，才能让被求助者欣然接受请求呢?

1. 要体现出真诚

艾静得知某传媒公司要招聘广告策划，前往面试。

面试过程中，主考官问她："有相关工作经验吗?"

艾静摇摇头说："没有。在此之前我是一名新闻记者，对广告策划并不熟悉。"

主考官说："我们要求有两年以上工作经验。既然你没做过这行，我们不会选择你。非常抱歉，希望日后与你能有合作的机会。"

艾静听后，礼貌地说了一声"再见"后离去。走到门口时，她突然转过身来，对主考官坚定地说："我有信心将这份工作做好，虽然我没有相关经验，但我有深厚的文字功底；虽然我从未涉足广告这一行业，但我能尽快学好。我一定能够胜任这个职位，希望贵公司能给我这次机会。”

主考官见艾静如此真诚，于是，给她出了一道考题。经过认真思考，艾静交出了一份令主考官满意的答卷，得到了这份工作。

2. 在别人爱听的称呼上下功夫

称呼，是赢得别人好感的第一步，它体现出尊重与信任，因此，在求人办事时，要选用被请求者爱听的称呼。与被请求者交谈时，如果称对方为“老头”“小孩”，结果可想而知；倘若称对方为“老先生”“小兄弟”等，可能会是另一种效果。

3. 恭维、赞扬的话要符合实际

求人过程中，恭维、赞扬对方是必要的，但是，恭维、赞扬的话，必须诚实、中听。那种漫无边际、天花乱坠的吹捧，不但不会被别人接受，反而会让对方觉得虚伪。这对求人没有任何帮助，也违背了恭维、赞赏的本质意义。

4. 把“互利”“双赢”的意识摆在首要位置

天下没有免费的午餐，任何人都不可能心甘情愿、无条件地帮助你完成某个心愿。所以，在考虑自身利益的同时，还应顾全对方的利益，最好实现互利、双赢，这样才能让被求者感受到你的诚心，才愿意向你伸出援助之手。

5．别把承诺当儿戏

请人帮忙办事时，给对方做出了许多承诺，但事办成后，却当什么话都没说过，这明显是忘恩负义的行为，以后也不会再有人愿意帮你。所以，要认真对待自己的承诺，别把承诺当儿戏。

6．要注意对方的言语禁忌

在求人办事之前，要了解对方的忌讳，否则，一切辛苦将会付诸东流。

在求人办事时，说话是第一道“关口”。坦诚的语言最能感染对方，它可以打破对方的心理防线，使被求者欣然为你办事。

学会“旁敲侧击”解决问题

20世纪50年代，美国副总统尼克松偕夫人去日本访问，日本首相吉田茂设盛宴款待。席间，吉田茂频频给二位敬酒，显得非常热情，尼克松夫妇也很高兴。抓住这气氛十分融洽的时机，吉田茂转过头去对身旁的尼克松夫人开玩笑道：“我发现在东京湾停有几艘美国驱逐舰，冒昧地问一句，难道是怕您受到欺负而开来保护您的吗?”一个小小的玩笑，引得众宾客笑语连连。大家都能听出吉田茂话里有话，尼克松就更不会不懂了。

当时，这些军舰在日本东京湾停泊，引起日本政府不安，尼克松对此事是完全了解的，所以，他很清楚吉田茂是在旁敲侧击地表达对美国军舰的不满之情。于是，尼克松下令撤走了停在东京湾的军舰。

采用“旁敲侧击”的方法，不仅可以让双方在不发生冲突的情况下解决问题，还可以化解彼此的矛盾，所以说，这一方法非常适用于谈判。

日本占领东北三省之后，当时的民国政府非常依赖美国，宣扬美国可以帮助中国主持“公道”。鲁迅先生听后非常气愤，但是他没有直接拆穿，而是在一次演讲中，用一则幽默小故事对此事进行侧面抨击。

他讲：“在我小时候，我们乡下有个阔佬，许多人都想攀附他，并以能和他说话为荣。一天，一个要饭的喜形于色，有人问他为什么这么高兴，他说是阔佬同他讲话了。许多人听后不信，追问讲话内容。他不无激动地说：‘我站在门口，阔佬出来了。他对我说：滚远点儿！’”台下的人哈哈大笑，人人都知道这其中的讽刺意义。

鲁迅的说话技巧令人称羡，他对不合理事件采取旁敲侧击的讽刺，令人佩服。下面还有一个很典型的例子。

在鲁迅任教期间，有一个地方官僚禁止男女同学一起游泳。鲁迅先生对此不以为然。于是，他幽默地说：“男女同学同在一个泳池里游泳，偶尔皮肉相碰是必然的。但是，毕竟男女授受不亲，所以禁止可以，不过即使禁止了男女同泳，但是男女仍然一同生活在天地中间，呼吸同一片空气。空气这种气体流通也比较快，它会从这个男人的鼻孔呼出来，被那个女人的鼻孔吸进去；而后又从那个女人的鼻孔呼出来，被另一个男人的鼻孔吸进去，如此一来，淆乱乾坤，岂不是比皮肉相碰更伤大雅吗？如果要完全男女授受不亲，干脆下一道命令：男女老幼、诸色人等，一律戴上防毒面具。这样既禁止了男女之间的交融，还避免女子抛头露面。这样就会每个人都……喏！喏！”鲁迅站起身来，模仿戴面具走路的模样，台下的人们都笑得前仰后合。

鲁迅的语言虽然夸张，但正是这种夸张的效果才指出了事情的荒诞。尤其是这种旁敲侧击的讽刺法能把道理讲得深刻、明白，更鲜明地揭露出封建官僚们的假道学面孔。

巧用赞美，轻松说服

赞美是一种有效的说服方法，尤其是一同在办公室共事时，一般人常常容易留心别人的缺点而忽视别人的优点及长处。因此，发现别人的优点并由衷地赞美，就成了办公室难得的美德。无论对象是你的上级、同事，还是你的下级或客户，没有人会由于你的由衷赞美而生气，肯定会心存感激并对你的意见持赞同态度。

赞美手法运用得巧妙，能让你的上级欣赏你，让你的同事认同你，让你的工作得以顺利完成，为每个人营造一种和谐的办公室气氛，同时自己做人的尊严和修养也得到展现，事业的成功也就离你不远。

有一句谚语应该牢记在心："赞美别人的人才是真正值得赞美的人。"

但在办公室里，总有令人感到虚假的"赞美"。他们总像戴着一张面具，不分场合和时间，巴结遇到的每一个人，说得出口任何过头的话。他们认为向上司大献殷勤就能轻而易举地得到提升，而不想以认真工作来取得成功。

可聪明的人却并不这样认为。赞美别人并不是全部工作，只是建立良好的人际关系，使自己的工作得以顺利完成、目的得以顺利达到的一种方法。

赞美一定要源自内心，是自然而然的善意的行为，不需要你绞尽脑汁，处心积虑，也不需要你时时小心谨慎。

每一次赞美都是一次学习的过程，把他人的优点作为自己学习的榜样，别人也就会很乐意帮助你。

不要立即赞同别人的意见，给自己一段时间，表现出你的谨慎和细致，然后给别人进一步表明意见的机会，使你被他们说服，这样你的赞同就会显得更具价值。

在任何场合，对任何人，都要用适当的方法加以赞美。赞美能够被看作对未来的一笔投资，哪怕是别的部门的领导，或者是你所厌恶的人，也应该对他们的长处加以赞赏，这样会给你带来回报。

赞扬不光要说好话，还要说让人舒心的话。

如果你不相信对方，认为对方不值得赞美，赞美就没有必要。虚伪的赞美会使自己陷入无法摆脱的困境，而你也会使对方认为你是在嘲讽而不是赞美他。

赞美可以很好地调和人际关系。但当着上司的面直接予以夸赞，既容易发生尴尬，又很容易招致周围同僚的反感、轻蔑，从而给自己树敌。所以，赞美上司最好是背地里进行，如在公司的其他部门，当上司不在场的时候，大力地赞美一番，这些赞美终有一天会传到上司的耳中。

和上司一起到顾客那里，如果部下抢太多风头，滔滔不绝，会令上司觉得难堪，难免在心中留下疙瘩。所以，最好的应对方式是细节部分由属下做说明，上司来概括结构部分。

另外，以“经理，您认为如何”征求上司的同意、许可，表面上降低自己身份，做了穿针引线的工作，事实上谈话的主动权却被掌握。

在归途中，为你的这个机会表示感谢，并强调是因为上司的同行才取得了这样好的效果。日后，如果同顾客达成了交易，要再次感谢上司相助。“感谢的话，不嫌多”，反正是不花一分钱，何必要吝惜呢？

第六章

关注细节，轻松说服需要更严谨

把握说服的度

说服的有效程度是由说服者与被说服者之间的距离产生的。因此，空间距离的适度，在人际交往中，在说服劝导过程中，都是不可忽视的。

如果说服对象与你是一种亲密关系，说服时与之保持半米以内的亲密距离，即使皮肤接触也要适度，而且只有这种距离，才能更加有效地传递你的说服信息，增强说服的感染力，同时对方也不会产生误会与反感。

如果你与说服对象是一般的同事、同学关系，在施行劝导说服时，适宜的私人距离是保持一米左右。如果超出了这个距离，恐怕很难谈得拢。

有的领导者，把下属叫进自己的办公室，让对方坐在一边，自己端坐在写字台后面，冷冷地说："今天，想同你谈一个问题。"这样的空间距离，会拉大心理上的距离，使下属有一种压抑感。这种说服多半因下属的口服心不服而以失败告终。

另外，谈话者之间不属于亲密关系，但谈得很轻松，这就可能突破私人距离，进入亲密距离。说服者与说服对象个体空间的距离，会由说服对象的文化背景、社会地位、性格气质以及情绪状态的不同而产生很大的伸缩性。

不同社会地位的人，需要的个体空间不同。比如：地位尊贵的人，往往喜欢较大的个体空间，不喜欢地位低的人与自己靠近。如果你是一位师长、领导，在对学生、子女或下属进行说服时，应当有意靠近他们，并做出亲热的举动，对方就会感到亲切温暖。

不同文化背景的人，需要的个体空间不同。有的人在交往中允许较多的身体接触，希望对方离他近一些；有的人则相反，即使与你的关系亲密，也不希望你离他太近。

性格气质不同，对空间距离的需求也有差异。如果是活泼开朗型的，他会喜欢小的个体空间，所以，他们可以让别人靠近。而性格气质孤僻自守型的，他会喜欢空间大的距离，宁愿把自己封闭起来也不要别人靠近。

说服对象的情绪状态主要体现在个体空间的差异性。如果说服对象处在心情较为平静的时候，个体空间的需求较小，近距离进行说服不会引起反感。而当他暴跳如雷的时候，个体空间的需求正在进行非理性的扩张，所以会将人拒之门外。

让说话有权威感

同是讲话，讲话分量的轻、重是不同的，之所以有这种不同，除了讲话者自己的身份以外，讲话的方法也十分重要。要是有这方面的权威，就应该运用自己的讲话方法让对方知道自己的身份。

1．“言简意赅”“长话短说”

某君写了非常多的应征信，全部寄出，大多石沉大海。不料收到了一张回复的明信片，上面只有“某时面谈”简简单单几个字。后来，他终身忘不了这张简单的回信。

2．要最后出场讲话

讲话时越是在最后讲到重点内容，则越可以突显所讲内容的重要性。“重点置之于后”的心理，中国人最具有代表性。开会时，官位越高的人越后到；舞台上角儿演出，最后出现的角儿通常最重要。

3．使用口头禅

口头禅是指人们经常挂在嘴边的口头语，他们总是用这句话来介绍自己、突显自己。

4．使用可以让人觉得你很风趣的方式

幽默的话有利于记忆，又可以给人以深刻印象，也可以成为自己的标志，借此，一定能使你永远印在别人的心中。

5．尽量用短句

短句的优点是：说起来轻松，听起来省力，有更强的吸引力。最好可以每句表达一个独立的意义，否则，内容太过复杂，导致听者不觉得轻松，交流就多了一层阻碍。

6．要有顺序

选择怎样用线索把讲话的内容整理，可据需要而决定。一定要让多数人明白，最好不要用古词语、很少听过的词语、中国式洋文、专业用语等，并且要吐字清晰，语速恰当。

7．坚定、自信

讲话时力度要适中，一定要正视对方。如果讲话时眼睛不敢正视，握手时非常没有力气，那么，你的意志就显得不坚定，且易被人支配。

8．讲话时要站直

开始讲前先等几秒，等大家都看着你时再开始。与别人讲话的时候，身体稍微向前倾，这会让别人更容易接纳你的意见。

9. 作强调时运用手势

讲话中可使用手势表现强调性，但不应该指着别人的脸随便乱动手指。

10. 注意对方的眼睛

研究表明，当一个人紧张时，目光会不时游移，而且眨眼次数增多。

11. 努力扩大知识面

学习的知识越多，了解得越多，见识越深刻，就可以使你在各种情况下自信满满地加入别人的对话。

说话要找准时机

说服高手无论何时何地，都会让自己尽快融入别人的谈话中。那么，他们是如何做到的呢？下面有几点建议。

1．适时地安慰对方

当别人与你谈论某事时，如果对方不清楚你是否对此话题感兴趣，常常会不知所措，有时还会为此而产生焦虑情绪，此时，应及时安慰对方。你可以说："我对你说的那件事很感兴趣，能否再详细一点？""请你继续说，我认为你说得很在理。""我对此也十分感兴趣。"这是在暗示对方：对于你提出的话题，我十分感兴趣，可以继续谈下去。对方看到这种情形，先前的犹豫会因为你的肯定而消失。

2．体会对方的心理感受

交谈过程中，很可能谈到某些令人气愤的事情，对方的情绪波动会很大，借此机会，可以用体谅性语言巧妙地插入别人的谈话，可以这样说："我能体会你的心情，遇到这样的事，我和你一样激动。""你似乎觉得有些心烦。""你心里一定很难受吧?”如此一来，对方就会对你产生“相识恨晚”的感觉，自然而然地拉近彼此之间的距离。

值得注意的是，交谈过程中，不要对对方所谈内容妄下结论，也不要说一些片面的话，诸如“你是对的”“他怎么可以这样做”之类的话。你的目的是融入对方的谈话，没有必要评定对错，更不要趁机阿谀奉承。

3. 做好翻译工作

与语言表达能力弱的人交谈时，让对方表达清楚自己的意思至关重要。有时，对方可能因为急于让你知道某些事情，在言语上会出现歧义的现象。这时，你应该仔细领会对方想表达的意思，说出对方想说的话。可以这样说：“你是说……”“你的意思是……”“你大概想这样表达吧!”这样一来，会减少对方的心理压力。对方也会认为你善解人意，对你产生好感，从而拉近双方的距离，增进彼此间的友谊，达到交往的目的。

在插入对方谈话时，以上三种方法有一个共同点，那就是对对方的谈话不妄加评判，不将个人想法加之于别人的思想意识中，保持中立。

要想插入别人的谈话，就必须找准时机“有的放矢”，关键时刻“力挽狂澜”。只有这样，才能达到交流的目的。

说话语速传达性格密码

一般来说，一个心理健康、感情丰富的人会因环境的不同而有不同的语速。同时，语言作为一套很复杂的音义结合系统，是一个特别的装置，也是用于思想交流的工具。人在说话的过程中，心理、感情和态度也蕴含其中。

在日常工作生活中，每个人的说话方式、语言速度都带有自己的特色。有些人天生属于慢性子，讲话慢条斯理，再急的事情，都带有自己的特色来叙述给别人听。有些人是急脾气，说话就像打机关枪，嘟嘟地说个不停，容不得旁人有插嘴的机会。然而大多数人却处于两者之间，说话语速属于中速。这些性格特征，客观存在并且具有长期性。

现实工作生活中，我们可以更微妙地领略语速中各种复杂心理的多变性的形成。我们可以在交谈时，从一个人的语速快慢对这些人当时的心理状态有一个很好的判断。

就大多数情况而言，讲话速度非常快的人，比较精明，性格偏外向，多为张扬型。这类人口若悬河，善于采用多变化的声音顿挫，且能说善道，想到什么就说什么。当对方与别人交往时，他们就会随声附和地说："就是这样……就是这样……”

这类人表达和他们相同的意见时，只要彼此交谈，他们的性格便会显得更加鲜明。因此，话说到投机处，就会越发滔滔不绝地继续下个话题，好像有取之不尽的“话源”似的。有时话题变得零零碎碎，没有很多的关联性，他们仍会说个不停。

一般来说，性格内向的人讲话时速度会很慢。这类人不仅常会无意识地与对方保持一定的距离，而且还会用封闭式的姿势，那意味着“我不希望对方知道我的心事”以及“不想初次相见就看穿我心中所想”，当然，也就会有所保留地说话。

内向型的人不仅对他人怀有强烈的警戒心，而且认为让对方了解自己过多是没必要的。但是他们的内心却很温和，害怕自己的话会伤害到别人，总是经过慎重考虑之后才开口说话，同时还担心自己的话会引起别人的敌意。

因为胆怯又容易受到伤害，而且过分担心出错或承受失败，唯有使语速变慢下来以不断地调整思维、心态，也许他们觉得这是最安全的说话方式。会议上的发言也是如此，因为他们就像自言自语，甚至会欲言又止，不会积极主动地提出自己的建议，声音很小，而且语速缓慢。说话时，往往不是直言不讳，总是喜欢绕圈子，听的人也会感到焦躁不安。这类人即便是被问到也不会有确切的回应，态度优柔寡断，让人觉得索然无味。

同时，语速还是一个人说话时心理状况的微妙反映。只要平时我们对别人的语速稍加留意一下，对方内心的变化就会很容易被发现。如果一个人平时伶牙俐齿、口若悬河，当他面对某个人时，却突然变得吞吞吐吐、反应迟钝，这时他一定有事情没有和对方讲，或者做了亏心事，显得很没底气。

然而，当有些人遇到言语犀利、见解独到、语气咄咄逼人的人时，或缄口沉默，或支吾其词，一副笨嘴拙舌、口讷语迟的样子，很可能这个人心里感到自卑和害怕，对自己没有信心，也可能被对方一语击中，一时难以反驳。出现此类窘境，会对自身能力的发挥有阻碍，也使对方气焰大增。

另外，控制语速可以调节心气。美国经营心理学家欧廉·尤里斯教授曾提出过令人心境平和的原则是："首先降低声音，继而放慢语速，最后向前挺直胸。"降低声音，因为声音是自身感情的催化剂，从而冲动时会表现得更加强烈，造成不应有的后果。放慢语速，因为个人感情被掺入进来，语速就会随之变快，说话音调变高，容易引起冲动。因为情绪激动、语调激烈的人通常都是胸前倾，一旦胸部挺直，紧张的气氛也被淡化；而当身体前倾时，把自己的脸向对方靠近，这种讲话姿势为他人营造的是紧张的氛围，这样只会徒增愤怒。

谈话特征告诉你他人心理

大多数情况下，一个人的谈话特征是这个人本性的反映。

1. 出口没有多余的话

这类人虽然句句出口成章，但句句无赘词，交谈中总占据话题中心。这种人并不多见，他们不会胡乱批评别人，出口的废话很少。通常情况下，这类人头脑灵活，具有较强的工作能力。

2. 经常边说边笑的人

喜欢边说边笑的这类人性格多开朗大方，对生活并没有苛刻的要求，很注意“知足常乐”。而且，他们极有人情味，有极好的人缘，这是他们开拓自己事业具有的极好条件。可惜这类人大多喜好平静的生活，缺少积极向上的精神，否则他们可以得到世界上更多的东西。感情专一是他们的另一特点，非常珍惜爱情和婚姻，对自己最心爱的人他们会牺牲所有。

3. 讲话不正视别人

相对而坐时，不看着对方的眼睛，低着头听对方讲，偶尔抬起眼睛看一下对方，但是很快又低下了头。这类人一般比较胆小，做事缺乏魄力，没有持久力，没有活力。这类人还有一个明显的特征，那就是意志不坚定，容易随波逐流。

4. 频繁转移视线

与别人交谈时，表面上看起来不重视对方，其实他在暗暗地观察对方，盘算如何还击。假设这种移开视线的动作是在交谈过程中发生的，那就表示听者觉得疲惫，没有继续听下去的想法。若遇到这种情况，你应趁早终止谈话，定好时间再聊。而且双方在交谈时，视线难免会相遇，如果对方此时急忙躲闪，那就该做下面的判断：听者的心里有难言之隐，或是有意隐瞒什么；急急避开视线，表示害怕你察觉到他的心事；或者是听者性格懦弱，不敢直视对方等。当双方的视线相碰的时候，勇敢注视对方的这类人大多是刚强正直的人，以诚待人，不会耍弄诡计，意志和自尊心很强。

5. 说话时一直盯着对方

这类人有较强的支配欲望，而多数情况下他们确实有自己的优势。因此，只要有机会，他们便会向别人展示自己。通常这类人不仅具有良好的人际关系，而且只要定下目标就一定会努力去完成。

6. 说话时喜欢摸鼻子的人

这种做法很常见，可能是由捂嘴巴的动作转变而来。有些人会无意识地轻轻刮一下鼻子下方，也有些人用非常不明显的动作快速地碰一下鼻子。有这类动作的人通常是为了掩饰内心的慌乱，或是想要对方的注意力有所转移。

7. 谈话时情绪低落、身体疲惫、精神萎靡不振

一看就知道面色不好，说起话来唉声叹气，好像快要遇到世界末日一样。这类人外在特点为沮丧疲累、精神不振。拥有这种表现的人，或许对自己早就失去了信心。这类人常常是自寻苦恼，经常会为一些烦琐的小事而每天忧心忡忡。并且由于对自己失去信心并缺乏理智的判断力，导致工作生活混乱不堪。这类人对于上司交代好的事情，总是无法如期完成，即使如期完成，也会有很多缺陷，还必须要改正。

8. 频繁眨眼

交谈中不断眨眼的人，一般都是有同情心的人，能认真听别人说话，尽其所能地去帮助别人。如果在谈话中，对方眼珠滴溜溜地转动不停，并且成为一种习惯，这类人不能够集中精神听讲，而且他们的心情明暗不定，听不出对方话中的意思。如果在交谈的时候，对方目不转睛地盯住别人，这类人是想让他的主张、意见得到他人的赞同，并且对自己信心十足，对所谈之事寄予厚望。

9. 说话时腿脚晃动的人

有些人总喜欢用腿或者脚尖让整个腿部颤动起来，有时候还用脚尖磕打脚尖或者以脚掌去拍打地面。这类人最明显的表现是自私，很少为他人着想，凡事从利己出发，尤其是对自己另一半的占有欲超强，经常会无缘无故地制造一些“醋海风波”，从这点来看说他们有“神经质”并不为过，他们对别人往往很吝啬，对自己却很知足。

10. 自己暴露优点和缺点

一般人都不会把自己的长短之处暴露在外面，并唠叨个不停。可是，世上就有冲着别人猛说自己长短的人。从心理学上来讲，大多数诚实的人，绝不会动不动就掀开自己的“底牌”，让别人瞧个够。而轻易地就把自己的长处和短处公之于众，一般人都不屑这样做。这类人做事向来没有原则，很容易见异思迁，也要留心他们对上司、公司的忠诚度。而且这类人心胸狭窄，常因一些小事与他人吵得不可开交。

11. 下巴朝上

一般人谈话时极少“下巴朝上”，因为这个动作代表蔑视人。下巴缩紧，给人的印象是坚毅不屈。交谈中下巴经常朝上，就表明会出现以下的可能性：情绪不宁，没有定力，是有意表示自己和对方应平等对待；全然瞧不起对方，这类人能力一般；如果有时会有这样的动作，可以称为“热衷于交谈”。

12. 到处炫耀

只是完成了一件小事他们却以为功劳很大，逢人便说，或是拿它来压人，摆出不可一世的傲态。这类人喜欢受到他人的奉承，难以成大器，并且具有极强的虚荣心，毫无责任意识。

通过语气判断内心想法

无论你在哪个地方讲话，都要采用相应的语言，心情要控制好，这样才能实现轻松说服的目标。因此，语言的表达和语气密切相关，而语气比语言更带有个人感情色彩。一个人的心态和精神状况，对语气所表达的感情色彩浓淡有直接影响。谈话者会下意识地通过对发音器官的控制和使用，使语气有所不同。所以，从人们下意识所带出的语气能透视出一个人的性格特点和内心想法。

1. 高声者大气

他们通常都是比较粗犷和豪爽的性格。他们脾气暴躁易怒，易激动，为人耿直、真诚、热情，说话直言不讳，有什么就说什么，从来不会拐弯抹角。这一类型的人多容不得自己受一点点委屈，他们会据理力争，直待真相大白。他们有时会在紧急情况下充当先锋，起到召唤、鼓动的作用，但有时候也会在不知不觉中被人利用。

2. 坚强者刚毅

这类人多固守原则，秉持公正，是非分明，可因为过于强烈的原则性让人觉得没有商量的余地，而显得不善变通、太过执拗。不过，他们还是会因秉持公正而得到他人的尊敬。他们在谈论他人的价值时，不会掺杂进自己的个人恩怨，能够做到公正无私。

3．严厉者尖锐

这类人讲话犀利，善于争辩。谈话时，他们一旦抓住对方讲话的“小辫子”，就会不留情面地攻击，让对方哑口无言。但因为过于着急地想找出对方的弱点，他们往往忽略从总体上把握问题的关键，从而因小失大。

4．深沉者凝重

这类人才华横溢、言辞隽永，对人情世故有深刻而准确的理解，具有很强的责任意识，比较可靠。但因为复杂的人际关系，这类人常不会受到重用，抱负难以施展。

5．和气者柔声

大多此类型的男性忠实厚道、胸怀宽广，有一定的宽容度和忍耐力，能够广泛听取他人的意见和建议，但同时又有自己独到的见解。他们具有同情心，常关心和谅解他人，而大多此类型的女性温柔善良、善解人意，但有时候因多愁善感而会被看成软弱。

6．平畅者温顺

这类人语速平缓，性格温顺，与世无争，人缘较好。但由于天性温和软弱，而使自己长期处于胆小怕事的境地，喜欢躲避外界事物。如果他们能遇上一个肯提携自己的人，在背后推他们一把，教导他们变得更加勇敢，那么，他们就会成为一个刚柔并济的人物，会有一番惊天动地的成就。

7．细气者轻声

这类人为人处世较为小心谨慎，他们具备较强的文化修养，谈吐优雅，而且总是给人以谦逊的感觉。一般情况下，他们对他人都很尊重，所以反过来他们也会得到他人的尊重。他们很大度，从不刻意为难、责怪他人，而是喜欢尝试各种途径，不断地缩短与他人之间的距离，以防止一些不必要的麻烦产生。

此外，说话语气平稳往往是正直性格的人；说话有气无力，语气含糊不清，往往是内向胆小的人；说话语气抑扬顿挫，像唱歌一样，往往是浪漫主义的幻想家；说话语气很冲，声音很大，往往是任性的人；语气低沉，说话时从牙缝深处出声，往往是小心怀疑的人；语气音色没有规律，往往是性格轻率的人。

网聊小细节，揭露潜在本性

当今社会，网络聊天成了大众交流沟通的重要方式。网聊虽然相互间看不到对方、听不见声音，然而网络语言的独特魅力却依然能将人们种种曲折的深层心理不知不觉地挖掘出来。在网上聊天的人虽然形形色色，但只要我们善于运用恰当方式加以揣摩，就能把网络的帘幕拉开，也就会清楚地了解对方的年龄、性格、气质、想法。

对常见语气词的分析：

（1）呵呵。一般温和成熟的人会这样笑，当他们赞许或无法回答你的时候就常用“呵呵”来回应。

（2）哈。喜欢用“哈”的是聪明冷漠型的人。这种笑的象声词表达中立的意思。

（3）哈哈。这样笑的人大多性格开朗、豪爽。

（4）哈哈哈哈。这类人豪爽、乐观，和这类人相处会很愉快。但有时连用“哈”也表示恶作剧成功后的开怀大笑。

（5）嘻嘻。喜欢用这种语气词的人俏皮活泼、古灵精怪，常以捉弄人为乐。

（6）嗯。温顺的人大多会用这个语气词。

（7）呀。讲话中常使用“呀”字说明此人比较孩子气。“呀”这个语气词颇为年龄小的人所喜爱。

对说话内容进行分析：

（1）刚刚认识，聊几句便说“我爱你”之类的暧昧语的人，要不就是年纪小，要不就是极度空虚无聊的人。

（2）认识时间较长，彼此都有很深厚的了解后才说“我爱你”，这类人知道克制，比较能掌握分寸。

（3）无论网上聊得多投机，从来不说“我爱你”的人很有心机，网络和生活能分开。这类人一般都是上了年纪的成熟智慧型人物。

由打字速度可知：

（1）如果这个人打字速度非常快，且连篇累牍，这样的人大都为年轻人。他们表现欲较强，过于急切地要证明自己的实力。

（2）如果一向打字快的人速度变得很慢，并感觉好像在敷衍你，那说明他不只和你一个人在聊天，或是他的主要注意力集中在自己玩的游戏里。对于这类人应该尽量不要放在心上，顺其自然就好。

（3）如果这个人打字不是很快，但是谈吐幽默却很有哲理性，则表明这些话都是经过思考的，这样的人一般都是有修养、成熟、稳重的人。

对标点符号的分析：

（1）句子多用逗号。这类人做事急脾气，性情比较刚烈。如果是女孩子，多为率真的个性，很像男孩子。

（2）使用大量符号修饰言语。喜欢用一些符号增添气氛，表达自己强烈情感的人比较浪漫，讲究情调，大多是年轻人。这样使用的女生人数比男生多。

（3）有整齐的标点。标点符号用得非常规范，小的标点也不错过，说明此人很细心，做事十分严谨，可能是成熟人士。

（4）不使用标点。网聊时从来不打标点符号的人很需要我们留心，他们一般都工于心计，善于耍小聪明。同时他们血气方刚，做事不留余地，难以控制。

第七章

会辩论，你能说服任何人

迅速应变，辩论制胜

应变能力也可称之为人的适应能力，是指能根据具体情况，及时采用多种战术以克敌制胜的能力。因为事物总是不断发展变化的，所以，人们就需要经常调整自己的心态，以适应变化了的局势。特别是辩论的关键时刻，更要具备较强的应变能力以应付新情况、新问题。应变能力是辩论者必备的基本素质。

下面举几个灵活应变的例子。

1. 攻防结合

辩论要攻防结合。只攻不防，看似骁勇，实则并非善战；疏于防守，反而可能遍体鳞伤，又怎能养精蓄锐战胜论敌呢？常言道："君子避三端：武士之剑端，文士之笔端，辩士之舌端。"就是这个道理。"避锋法"的要则，就是要善于及时避开论敌"笔端""舌端"的锐利锋芒，必要时不惜"丢卒保车"，甚至"丢车保帅"，寻觅新的战机，化险为夷，东山再起，变被动为主动。

例如，律师在为一个实施正当防卫的被告辩护的时候，要避开争辩原告的伤是重是轻，后果是严重还是轻微。这时只有及时抛开这一话题，马上转入被告为何要实施正当防卫，以及不实施正当防卫的后果这一关键论题，并予以充分的论证和有力的辩护，才能取得辩论的主动权。

2. 以退为进

辩论中如果双方都不让步，就会陷入僵局。对于这类问题的解决办法，一般是把可能引起争议的问题往后放，待双方把其他问题统一后再来讨论。这样做有两点好处，一是确保辩论的顺利进行；二是先易后难，解决了简单的问题后，对剩下的问题双方都能抱着通情达理的态度，避免了在少数问题上耗费精力，过分纠缠。

法国一家广告公司拍摄广告片时，合同上写着付给这部广告片的主角珍妮50万法郎。到了付片酬的时候，公司因为经营出了点问题，资金周转困难，希望用不动产作为酬金付给珍妮。珍妮则坚持按照合同上写的支付现金。

谈判陷入僵局。但珍妮意识到如果以法律方式解决问题，不仅自己要耗费大量精力于法庭上，而且还要付昂贵的律师费。就算打赢了官司也是得不偿失，广告公司照样拿不出钱来，而且还伤了自己与广告公司的和气。最后，珍妮做出让步，广告公司以每年连本带息的方式为珍妮付酬金，付款时限是三年。

其实，这种让步是以退为进，它不但使珍妮得到了酬金，还得到了相当于存银行的利息。而且广告公司也得到了喘息之机，不致濒临破产。对双方都有利的事情，何乐而不为呢？

3. 反言归谬

辩论之中有时不必或不便正面反驳，要保持冷静，让对方尽力表现。俗话说，“言多必失”，待对方充分暴露出某一错误论点后，顺着他的错误论点推导下去，直到推出一个与对方完全不同的结果或更加荒谬的结论。这种方法就叫“反言归谬”法。

普林斯顿大学曾有一场关于科学世袭问题的讨论。其中一个人说：“科学有世袭，因为居里夫妇的女儿也是诺贝尔奖获得者。”

“不错，她的确获得过诺贝尔金奖，‘非欧几何’的创始人之一亚·鲍耶的父亲也是著名数学教授。但你不知道居里夫妇的女儿伊伦·居里是很勤奋的，她在实验室里和丈夫埋头苦干，节假日也不休息。小居里夫妇经过刻苦努力，发现了人工放射性，才双双获奖。亚·鲍耶小时候虽然也得过父亲的教诲，但他在数学上的见解却与父亲背道而驰，以致写出的论文父亲不予发表，由于学术分歧，导致父子感情破裂，父亲成了他前进路上的绊脚石。他们‘袭’下来的只是父母为科学献身的宝贵精神。”

先肯定对方，居里夫妇的女儿的确获得过诺贝尔奖，然后，一步步推导下去，得出与对方完全不同的结论。这就是“反言归谬”法起到的效果。

一次，俄罗斯著名马戏丑角演员杜罗夫在演出后休息时，一个傲慢的观众走到他跟前，讥讽地问道：

“丑角先生，观众对你非常欢迎吧？”

“还好。”

“作为马戏班中的丑角，是不是只要生来有一张愚蠢而又丑怪的脸蛋，就会受到观众的欢迎呢？”

“确实如此。”杜罗夫悠闲地回答，“如果我能生一张像先生您那样的脸蛋的话，我准能拿到双薪”！

这个观众只好灰溜溜地走了。

杜罗夫先顺着他的观点承认自己不是由于表演艺术得到观众好评，而是由于生有一张愚蠢而丑怪的脸，然后，他用“双薪”反说对方的脸加倍愚蠢丑怪，从而让对方哑口无言，只能遁走。

4. 自我解围

在交谈中，当对方有意无意地触犯了你，把你置身于尴尬境地时，借助自我解嘲的办法摆脱窘境，也是一种合适的方法。

20 世纪 50 年代初，美国总统杜鲁门会见十分傲慢的麦克阿瑟将军。会见中，麦克阿瑟拿出烟斗，装上烟丝，把烟斗叼在嘴里，取下火柴。当他准备划燃火柴时才停下来，对杜鲁门说："抽烟，你不会介意吧?"显然，这不是真心征求意见，因为，他已经做好了抽烟的准备。这种缺少礼貌的傲慢言行使杜鲁门有些难堪。然而，他看了麦克阿瑟一眼，自嘲道："抽吧，将军。别人喷到我脸上的烟雾，要比喷在任何一个美国人脸上的烟雾都多。"

运用自嘲，能使你的自尊心通过自我排解的方式受到保护，并且还能体现出自嘲者的大度。有些时候，人们因某些事不尽如人意而烦恼苦闷，说出去必会惹人笑话，运用自嘲，既可宽慰自己，又能避免别人笑话，可谓一举两得。置身于难堪境地时，如果过分掩饰自己的失态，反而会弄巧成拙，使自己越发尴尬，而运用自嘲就能化解难堪、消除尴尬。

美国作家杰斯塔尔东是个大胖子，行动非常不便，但他却不以胖为耻。有一次他对朋友自嘲说："我是个比别人亲切三倍的男人，每当我在车上让座给妇人时，我的一个座位足可以让三个妇人坐下。"

自嘲运用得好，可以使辩论顺利进行；如果用不好，会使对方反感，造成交谈障碍。因此，自嘲时要审时度势，相机而用，不宜到处乱用。比如，对于答辩、座谈讨论、调查访问等，就不宜使用自嘲。此外，自嘲要避免采取玩世不恭的态度，积极的自嘲是谈话者用貌似消极的手段促使谈话顺利进行的方法，它包含着强烈的自尊，可减轻自己的心理负担。

了解辩论者心理

1. 不相容心理

心理学家认为：辩论注重以“辩争”为主的语言交锋，而且，它是建立在双方“心理不相容”的基础上的。我们看到，大至联合国论坛，小至村妇口角，辩论时双方总存在不相容的“心理”。由辩理到争吵，再到发生冲突，是辩论双方“心理不相容”不同程度的表现形式，而一旦双方“心理相容”，辩论也就不了了之了。

2. 平等或不平等心理

这里所说的“平等”并非简单地指客观条件（地位、身份、资历等）的一律平等，而是指双方的主观意识、感觉方面的平等，即心理平等。不管是在辩论还是在交谈过程中，在客观条件方面双方的不平等（如供求双方之间、上下级之间、师生之间）是不可改变的。在辩论中，双方不会主动淡化这种不平等。相反，有时这种差别还会被其中某一方或双方有意识地运用语言甚至权势、武力等手段来突出、强化（如外交等方面的大国沙文主义表现等）。

3．得理不让人心理

辩论本身的那种相争性要求双方都奉行“得理不让人”的原则（或是“明让暗不让”），拼尽全力以理征服对方，即使难以使对方心悦诚服，也要努力从理论上使对方难以招架，使己方论点成立。对方即使再不情愿，也不得不甘拜下风。

而在敌我矛盾的场合，得理不让人是必需的，不能姑息迁就敌手，一时的软弱会给对手可乘之机。

4．服人心理

辩论的时候，应该重视自己的态度。许多人往往把辩论由平心静气的讨论变成怒目相向。因为意见不同，好朋友反目成仇的例子不胜枚举。因此，头脑必须保持冷静，态度应很沉着，而把握的秘诀是心平气和。成功的人，常在暗中克服他人的意见，但绝不与人面红耳赤地争论。因为，这样不仅于事无补，而且会把局面搞得更乱。

赫斯将军常把总统威尔逊弄得跟着他的意志转圈子。赫斯说：“我改变他的妙诀，就是把新的想法自然而然地灌输到对方脑中，让他在不知不觉中产生兴趣。”这是非常值得效仿的方法，如果你能通过辩论改变别人的观点，那么，你便可以取胜。不过，这种改变必须在不知不觉中进行，使对方虽然在跟你辩论，但无形中已经认可了你的观点。

在辩论时，真正的明智之举是躲避正面冲突，这并不是胆小怕事。假使你把对方的意见全盘否定，并把他批评得一无是处，即便获得胜利，那又怎样？你当然觉得非常快乐，但是，对方如何呢？你使他觉得卑下，你伤了他的尊严，他会嫉恨你，这又有什么必要呢？虽然你胜利了，但是，你却付出了惨重的代价——多了一个敌人。

我们每天说话，不仅是在抒发己见，也是在说服他人。对于同样的问题，不同思想和性格的人，看法和意见是不一致的。平时我们所接触的人，包括家人和朋友，以及一些素有来往却不熟识的人，有时只是闲谈，有时却是为了业务上的来往。我们难免除了互相表达意见之外，还得和别人争辩一些问题。此时，我们不能仅仅以口头争辩来压服有不同意见的人，而应该从情、理两方面说服他们，使他们接受自己的意见。

我们在与别人争辩时，不可直接指责对方的意见愚蠢，必须给对方留点面子。即使你的理由很充分，如果直接指责别人，也无法使人心服。假如你讥讽别人，往往会引起对方的反感，这反而增加了你赢得辩论的困难。保护自尊心是人类的一个特性，也可以说是一种通性。伤害别人的自尊，等于危害他的生命。人与人之间争论一件事情，从表面上看，似乎只是理智上的事，但实际上，却与感情有千丝万缕的联系。要想在争辩中获得胜利，除了需要具备充分的理由之外，还必须懂得争辩的艺术。

巧用循序渐进的原则辩论

齐诺芬的《纪念录》中有一段苏格拉底与欧西德有关正义的对话：

苏格拉底："虚伪算什么呢？"

欧西德："不正。"

苏格拉底："偷盗呢？"

欧西德："不正。"

苏格拉底："侮辱他人呢？"

欧西德："不正。"

苏格拉底："偷袭敌人呢？"

欧西德："正。"

苏格拉底："自相矛盾了吗？"

欧西德："不正只可对敌，不可对友。"

苏格拉底："假如有一将军见其军队士气颓废，便欺骗他们说：'救兵将到，勇往直前吧！'于是他们胜利了，这是不是正呢？"

欧西德："正。"

苏格拉底："小孩生病，不肯吃药，父亲骗他说'药味很甜'。小孩因此吃了药保住了命，这是正还是不正？"

欧西德："正。"

苏格拉底："你说只可以对敌不正，不可对友，可现在呢？"

欧西德：……

在这里，苏格拉底抽丝剥茧，一步步地说出欧西德逻辑上的错误，使对方无言以对，最终使其信服。

生活中，在某些场合，你也可以用这种方法阐明道理，不怕对方不服。

1921 年，美国西方石油公司董事长兼总经理哈默听说苏联实行了新经济政策，鼓励吸收外资，就想把生意做到苏联的大市场。他想：眼下苏联迫切需要消除饥荒，必须得到大量的粮食。而此时，美国正值粮食大丰收之际，大米是每 100 斤 35.24 美元。农民宁肯把粮食烧掉，也不愿以这样的低价送往市场出售。苏联盛产毛皮和宝石，而美国市场恰巧急需这些，如果能交换双方的产品，岂不妙哉？哈默打定主意，便来到了苏联。

哈默到达莫斯科的第二天早晨，就被召到列宁的办公室，他们深谈了一次。粮食问题谈完以后，列宁对哈默说："先生，你对苏联有兴趣吗？"

哈默听后缄默不语。

因为西方对苏联经济有偏见，做了许多恶意的宣传，许多人觉得苏联很可怕。在苏联经商或投资办企业，被视为比登天还难。常言道："众口铄金，积毁销骨。"哈默虽做了大胆的探险工作，但是，对于在苏联投资办厂仍顾虑重重。

列宁看透了哈默的心事。于是，他讲了实行新经济政策的目的："我们之所以实行新的政策，就是为了挖掘经济潜能。我们欢迎所有朋友来这里投资，并给予优惠。我保证不会让你们受到损害。"

哈默还是沉默不语。

列宁看出他还是心存疑虑，便继续发动心理攻势："你放心，除此之外，我们还为你们提供一切便利条件。"列宁看出他仍不放心，就干脆把话挑明："我们都清楚，我们必须说明白，保证我们有利可图。商人不是慈善家，除非觉得可以赚钱，要不然，就没人会投资了。你说对吧，哈默先生？"

就这样，列宁终于说服了哈默，哈默不久后便向苏联投资了。列宁对哈默的不解和疑惑，逐层分析、各个击破，使哈默解除疑虑，最终在苏联投资。

用这种方法，在"剥"的过程中要有层次，即循序渐进、前后相继，中间不能脱节，否则，就会给人一种勉强的感觉。

善用诡辩术

三国时，刘备为了消除曹操的疑心，便用过此法，因而保住了自家性命。

那时，刘备落难，投在曹操麾下。为了保全自己，他经常装得木讷迟钝。

有一天，两人在后花园饮酒。突然，天上乌云密布，下起了大雨，并且正巧出现了龙挂。于是，两人凭栏眺望。

曹操："玄德知道龙有何变化吗？"

刘备："未知其详。"

曹操："龙无所不能，大则兴云吐雾，小则隐介藏形；升则飞腾于宇宙之间，隐则潜伏于波涛之内。方今春深，龙乘时变化，犹人得志而纵横四海。龙乃四海英雄。玄德久历四方，必知当世，请试指言之。"

刘备："我是个俗人，怎识英雄？"

曹操："休要过谦。"

刘备："袁术兵粮很多，他是英雄吗？"

曹操："他有如坟中枯骨，我早晚必擒获他。"

刘备："河北袁绍，四世三公，门多故里。虎踞冀州，能人辈出，可谓英雄？"

曹操："袁绍色厉胆薄，好谋无断，干不了大事，不是英雄。"

刘备："有一人血气方刚，江东领袖——孙策可为英雄？"

曹操："孙策借父之名，非英雄也。"

刘备："益州的刘表能算英雄吗？"

曹操："刘表虽是宗室，却无实力，哪有资格当英雄。"

刘备在有意识地举了上面几个被曹操蔑视的人物后，又说了几个人，就是不提曹操和自己，曹操感到非常失望。

这时，刘备又开口说："舍此之外，备实不知。"于是，曹操说："英雄胸怀天下，腹有良策，有惊天动地之力。"

刘备故意问道："那么，谁能当之？"曹操用手指了指刘备和自己，说道："今天下英雄，只有你和我啊！"

刘备闻言，吃了一惊，筷子便从手中滑落。

这时，雷声轰鸣，大雨将即。刘备胆怯地说："一震之威，乃至如此。"

曹操笑道："大夫亦畏雷乎？"

刘备回答说："当然怕了。"

听刘备这样一说，曹操终于心安，灭了杀机。

在这段对话中，刘备以防为守、回避锋芒、韬光养晦，用转移论题的诡辩来挡住曹操的进逼，最终保护了自己。

要说刘备的诡辩用得轻巧，那么，幽默大师马克·吐温用的诡辩术则更加巧妙。

在一次记者采访时，马克·吐温说："美国国会中，有些人是婊子养的。"这句话见报后，美国国会议员们顿时哗然，很多人提出抗议。

因此，他不得不做出声明，非常"诚恳"地向议员们道歉说："前日，鄙人在酒席上发言，说有些国会议员是婊子养的。我经过再三考虑，认为这话极为不妥，而且也不合事实，特此登报声明，我该说的是'美国国会中，有些议员不是婊子养的'。"

马克·吐温运用文字，将"有些议员是婊子养的"与"有些议员不是婊子养的"的同一含义用于诡辩法中。

一言定成败，一言定兴衰

1. 运用一语双关技法

辩论中，运用文字，使字词或句式同时涉及两件事，表面上言此，实际上说彼，这是使用频率很高的双关法。双关语很有作用。

双关，由“字面直言意义体”和“深层含义意义体”构成。前者主要是借助语义或语音的联系而产生，后者一般隐含在前者之中，这样才会令人感到有兴致。

> 从前，有个县官到王庄办公。走到一个岔路口，不知如何走，正巧遇见一个农夫，县官大声问道：“喂，老头，到王庄怎么走?”那农夫不理会。县官大声要他停下。农夫说：“忙着去看稀奇事。”县官问：“什么古怪的事?”农夫一板一眼地说：“刘庄有匹马下了一头牛。”“真的？马怎么会下牛呢？应该下马才对!”县官不信，农夫煞有介事地回答：“世上的怪事多着呢，畜生的事我如何得知?”

面对无礼的县官，直言相劝当然无济于事，农夫智用双关语讽刺了官员，借字面的“畜生”，斥责官员不懂礼数，手法高明得很。

双关是一种绝妙的辩论武器，要遵循文明用语、以理服人的原则，格调高尚文雅，内容纯净正派，要以德胜人、以理服人，不落俗套。

2. 机巧应答制服刁问

在辩论中，对方往往发问刁钻，直接如实地对待容易上当，走入死胡同，这时，最好的方式是以谬制谬，指东说西，答非所问。

1935 年，在巴黎大学的博士论文答辩会上，法国主考人给中国留学生提出了一个奇怪的问题：“《孔雀东南飞》里为何不写‘孔雀西北飞’呢？”一留学生应声答道：“西北有高楼。”他引用了我国《古诗十九首》中的名句“西北有高楼，上与浮云齐”，孔雀不能飞过去只好向东南飞了。真是问得奇怪，答得巧妙。

我们再举一例：

1928 年 2 月，由于叛徒的告密，年仅 28 岁的共产党员夏明翰不幸被捕，敌人对其大肆用刑都不能使他屈服。在最后审讯时，他用谬答术这样回复愚蠢而疯狂的敌人：

“你姓什么？”

“姓冬。”

"胡说，你姓夏，怎么说姓冬？"

"你们颠倒黑白，我姓夏，当然应该说成姓'冬'！"

"多少岁？"

"共产党万万岁！"

"籍贯？"

"革命者四海为家，也没家！"

面对拷打，英雄故意谬答，有力地嘲弄了敌人。

辩论中，对应答水平要求很高，机巧应答，则堪称应答场合中短兵相接的利器。

3. 灵巧仿接，反弹敌手

辩论中，可以模仿他人的语言，产生同构意悖的效果，运用此法往往能置对手于窘境，使其自食恶果。

古希腊曾流传着这样一个故事：

有位年轻的演讲家，以演讲取得功名。

有一天，父亲告诫他："孩子，这样不好。说真话，富人会恨死你；说假话，贫民不会拥护你。无论你说话是真是假都没有好结果。"

儿子听后，笑着反击说："您错了。我说什么都对，无论说什么我都很成功。"

这位演讲家引用父亲的话反击，既破坏了对方的阵势，又使自己的论点得以成立。

运用此法，关键在于相似。我们再看下面这则故事：

一位财主刁钻刻薄。一次，一位长工踩死了一只鸡，他便乘机敲诈，对长工说："你踩死了一只能生蛋的公鸡，必须赔我下蛋的公鸡，否则，扣发你的工钱。"

长工回家后一直闷闷不乐。妻子得知事情原委后说自己有办法。

第三天，长工妻来到财主家。财主问道："你丈夫怎么不来呢?"

长工妻答道："他生孩子呢。"

财主吼道："胡说，男人生什么孩子?"

长工妻反驳道："男人不生孩子，同样，公鸡也不下蛋。"

财主无言以对。

这种方法在生活中广泛应用，还可有更佳的效果。如下例：

甲："你在造纸厂，有的是纸，给我带些。"

乙："你在银行，有的是钱，给我拿些。"

灵巧仿接就是以其人之道还治其人之身。它一般分为两种形式，一是仿用对方的言语来还击对方；二是仿用对方的方法还击对方。在使用时，首先，要听出对方话语的实质和目的；其次，要分析对方攻击的理由和根据；最后，进行反击。

在运用此法时还要注意场合和对象，不能对好友用此法。否则容易造成气氛不协调，伤了和气。

4. 辩论中正话反说

正话反说是用反话辩论。比如，使用否定的语言表达肯定，用责怪的语言表达感激等。正话反说，表面是肯定，实际是否定，形褒实贬，形成对比。这种言此意彼的言语方式被广泛应用于生活之中。如“天啊！真是太好了”这句话，如果句末用曲折调表示，即为正话反说。

此法有很大作用。它可以鞭挞丑恶，讽刺落后。

> 小陈去某商场买布料，她选中了一块灰色大方格布料。可她发现布口不正，不是沿方格走的，所以，要求修改。售货员不耐烦地说：“你这人真自私，怎么不替别人想想?”
>
> 小陈听后很恼火，回答道：“我自私，布是给我扯的，不是给别人。你不自私，把好好的料子扯斜了，你多会替别人着想啊!”令售货员无言以对。

小陈抓住对方的话把，正话反说，在自私等词上做文章，反驳非常有力。正话反说，让她的话很具讽刺意味，因此比破口骂人要体面得多。

正话反说，可提高辩论语言的战斗力，是一个利器，但也要注意场合，不可滥用，因为它具有很大的攻击性。

引出对方谬论再反驳

辩论并不是直来直去，有时也要用一些迂回曲折的方式，以达到自己的目的。比如，可以使用引蛇出洞的方法，通过诱导对方，制造一些矛盾，使对方提出有利于自己的结论。比如，对街头募捐者或是保险的拉保人，一开口便说“不”的人，当时的心情一定不太好，所以，他们不能简单回答“好”。这种心理障碍不但使人说出“不”字，而且也使人全身都呈现拒绝对方的姿态。实际上，当嘴里说出“不”时，人体的肌肉、神经、内分泌腺都会呈现紧张的状态。这样的感觉，许多人都深有体会。

相反，如果答以“是”时，身体的生理机构自然会轻松起来，会变成易于接受外界事物的状态。所以，解除心理障碍，把对方僵硬的态度变成和谐，就可以将对方的心理准备朝“是”的方向修正了。从而轻而易举地达到自己的目的。

在辩论中，人总是下意识地保持一种戒备状态。能否解除这种戒备，决定着辩论或与人交往能否取得成功。我国有句古语，叫作“引蛇出洞”，说的就是这种“出其不意，攻其不备”的攻心术，这里“引”是手段，“出”是目的。对方将自己防范得很紧，你又怎能引诱出来呢？引“蛇”出“洞”法的一个基本特点就是麻痹对方，松懈其意志，使其敞开心胸，最终实现我们的目的。当“蛇”出洞后，已基本消除他的戒备，我们就可以马到成功。

鬼谷子是先秦时纵横学派的一大宗师，相传他在青溪山上向庞涓、孙膑传授谋略与兵法的时候，有心测试一下两位弟子这一阵子学得如何，便坐在一个山洞里向两人问道：“你们谁有本事骗我走出洞外？”庞涓便抢先一步连哄带吓，甚至扬言要放火烧荒，可不论他如何威吓，鬼谷子都安然不动，因为他明白庞涓要千方百计把他骗出洞去，所以，防范得很紧。孙膑却反其道而行之，承认自己愚笨，说无论如何是无法将老师骗出洞外的，不过，他接着说：“如果老师是在洞外，我倒有办法把老师骗进洞来。”鬼谷子听后当然不信，便信步朝洞外走去，谁知他刚刚走到洞外，孙膑便伏在背后高兴地拍掌叫道：“老师，我这不是把您请出洞外了吗？”

孙膑哪里愚笨，他是布下圈套让老师钻——鬼谷子果然上当受骗。若是孙膑不先说自己愚笨，哪里骗得过老师？他的这一策略就是先使鬼谷子放松警惕，疏于防范。这一典故虽似笑料，但却是引蛇出洞这一策略的最好例证。

许多人时常保持一分警戒之心，可是一旦放弃警戒，就在很大程度上失去了抵抗力。如果你被对方侵入了警戒防线，警戒心反而在无意之中减弱了，一些狡猾的诈骗犯通常就是利用人的这种心理弱点施放狡猾的攻心烟雾，让一些善良的人们在不知不觉中上当受骗。

外国故事中，有个叫米勒的人，听到一个鞋匠夸口说谁也骗不了他。于是，米勒想考验一下他的功夫。这天，米勒在街上碰到了这个鞋匠，便拉住他说："你在这里站着等我一会儿，我马上就来，让你看看我是怎么骗你的。"说完，米勒便走了。

鞋匠真的以为米勒会转回来骗他，心想："我倒要看看你怎样把我骗到。"结果他在街上等了好几个小时，也没看见米勒回来。正当他等得实在不耐烦时，他的一个朋友走了过来。"鞋匠，你在这站着干什么？"

鞋匠把米勒许下的诺言告诉了这位朋友，他的朋友听后哈哈大笑起来。

"你真傻，上了人家的圈套还不知道，米勒把你骗了，他根本就不会回来了。"

这则小故事，与孙膑诱鬼谷子出洞有着异曲同工之妙，即通过后一个目的诱惑对手会让他心安理得地上当受骗。

那些固执己见难以说服的人，经常处于"不"的心理组织状态，所以，自然而然会呈现僵硬的表情和姿势。对付这种人，如果一开始就提出本题，很难打破他"不"的心理组织。所以，首先应该尽量让他轻松，并提出不勉强的问题，使对方反射性地答出"是"的答案。然后，循序渐进，加以引导，他便会做出你所期望的回答。

战国时期，堪与张仪并称的谋士就是苏秦。苏秦曾凭其三寸不烂之舌，官至六国宰相。在其外交生涯中，苏秦说服成功的体验正是出人意料的手法。这是当他苦心经营的“合纵”之策，因内部的反目而全盘崩溃，在失意之余，不得已寄身燕国时经历的事。这件事中，苏秦作为一个辩才的风采令我们深深折服。

第一个支持苏秦游说活动，同时也是第一个采纳“合纵”之策的是燕文侯。除了燕国以外，失意的苏秦似乎再也没有一个国家可以安心容身。苏秦逗留燕国期间，起初还能受礼遇，但后来又因燕文侯之死而受了些虐待。文侯死后，太子即位，号称易王。出于易王之妃乃是秦惠文王之女的原因，苏秦与易王之间的关系，自然不像与先王文侯那般水乳交融。

偏偏就在这个时候，又一件大事降临燕国。那就是齐宣王趁着燕国尚在服丧期间，发动大军攻进燕国，燕国的10个城邑都被占取了。易王接到这个消息，立刻宣召苏秦进宫道：“以前，先生前来燕国时，先王立刻备好车马等遣使先生出使赵国。六国合纵之所以有成，其道理也在此。今齐国却违背盟约，攻击赵国于先，此次又利用大军打我燕国，这样下去，我燕国必为天下所笑。而且，此次祸害的原因乃完全由先生所引起。希望先生前往齐国，把他们所占取的燕国土地统统给我要回来!”

根据记载，据说苏秦听易王如此说后大感羞愧。站在一个政治家的立场，苏秦把这个责任完全承担了下来。

要想把被占的领土要回来，不是件容易办到的事，到底苏秦想用什么方法来说服齐王呢?

据说，苏秦见到齐王时先是再拜而贺，其次是“因仰而吊”。拜而道贺的是，齐王此次又扩张了领土；仰起头来表示惋惜的是，可能齐国的命脉就要到此为止。如此被人先是表示庆贺继而又表示惋惜之意，不要说是齐王，任何人都会一时震惊不已。

当时齐宣王也算得上是位英明的君主，在其帷幄之中也有不少善于交涉的才干之士。所以，他们对于苏秦的来意想必早已看破，而且也准备好了应对之策。

如此，苏秦要想跟这些人交涉归还领土的事，使用寻常的方法是不可能行得通的，还难免为对方所制。唯一的办法，就是以出人意料之法，制人于先。苏秦之所以先表示庆贺与惋惜之意，其目的就在于此。

宣王不料苏秦有此一举，便问其原因。苏秦回答说:“人即使在饥饿时，也不吃一种有毒的草，是由于吃了它会被毒死，与饿死并无两样。现在燕国虽弱小，却也是强秦的年轻女婿。王仅仅看重他的10个城邑，而与强秦结成深仇。现在假使燕国按序前进，而强秦在后面作其后盾，招来天下精兵，共同攻打齐国，这与食毒草的情形岂不是大同小异吗?”

宣王听到与吃毒草的情形相同，面有忧色。于是，又问道:“那么，我该怎么办呢?”

苏秦抓住这个机会，极力陈述:“据说，自古以来会做事的人，能够转祸为福，因失败而成功。大王若听从我的计划，用谦虚的态度去向秦王道歉，立刻归还燕国的领土，让秦王知道大王退还燕国的城邑是因为他的原因，他一定很高兴。燕王也定会因凭空要回城邑而感激大王。这就是所谓的‘弃强仇而立厚交’了。况且，倘若燕国和秦都因此而服侍齐国，则大王的号令，就连天下的诸侯也不敢不服从了。如此，使用虚辞附和秦国，而以10个城邑换取天下，这才是霸王之业呀！”

苏秦的这一套理论，由情势论谈起，进而分析利害得失，连哄带骗，把对方完全玩弄于股掌之中。据说，齐王听了还大乐，除了答应立刻退还燕国城邑之外，还赠送千金道歉。

苏秦的思辨与口才，由此可见一斑，在完全处于劣势的情况下先发制人，灵活多变的辩才由此显现出来。

这一技巧包含两方面的内容：

第一，诱“敌”深入。在对方攻击自己准备得最充分、最有说服力的论点时，暂时避而不答，含而不露，用本方防守空虚、理屈词穷的假象来引诱对方放心大胆地继续进攻；一旦时机成熟，突然抛出最有力的论据，击破对方的攻势，使对方措手不及。这种战术还会给对方造成巨大的心理压力，使之拿着自己明明占优势的论点而不敢贸然出击。比如，某次东亚大专辩论赛上，在南京大学队与我国台湾大学队的大决赛中，台大队指责南大队只能借助于神话的想象说明人类和平共处的可能性，大谈什么“愚公移山”“精卫填海”“女娲补天”。南大队开始避而不答，呈退缩之状，台大队因而越发来劲，几度从历史的角度加强攻势，此时，观众开始为南大队担心。而南大队却不失时机地抛出了著名人类学家马林诺夫斯基关于“战争并不是人类与生俱来的产物”这一论断，以及澳洲土著人在欧洲人到来之前根本没有发生过战争、因纽特人从来就不知战争为何物等例证，予以坚决回击，并收到了成效。台大队后来就不敢再从历史的角度出击了。因为他们已经被诱得十分深入，积重难返。

第二，故设圈套。好的防守者不是当敌人进攻时才披挂上马，匆匆应战，也不会去修筑一条大而无当的马其诺防线。他们像精明的猎人，在猎物的必经之途巧妙地掘下一个陷阱。他们是智谋过人的统帅，不是疲于奔命地寻找战机，而是在自己选择的战场上与敌人作战。比如，在一次辩论赛上，南京大学队站在反方立场上试辩“儒家思想是亚洲四小龙取得经济快速成长的主要推动因素”一题时，有意把韩国和我国香港摆在一起。他们先抛出韩国奉行政府干预经济的政策，问正方这符合儒家思想的哪一条、哪一款。当正方信心十足地答曰：“这体现了儒家重视国家、官府主导作用的思想”时，反方马上甩出我国香港采取自由放任的经济政策，问正方对此又作何解释，问得正方张口结舌。这一战术运用成功，便可达到辩论的最高境界——使对手哑口无言。对手此时已完全落入己方圈套，即使勉强作困兽斗，也是大势已去了。

因势利导，引领对方的思路

“因势利导”法是指在一些争论中，要想表达自己的观点，就要时刻观察别人的情绪，得到他们的支持，并在不知不觉中，使对手感到精神压力，无回击之力。

萧伯纳的剧本《武器与人》首次公演获得了巨大的成功。当萧伯纳走上舞台，准备向观众致意时，突然，有人大叫道：“萧伯纳，你的剧本糟透了，谁要看？收回去，停演吧！”

观众们大吃一惊，人们都认为萧伯纳一定会生气，用高声地抗议来回答这个人的挑衅。没想到，萧伯纳非但不生气，反而笑容满面地向那个人深深地鞠了一躬，彬彬有礼地说：“我的朋友，你说得好，我完全同意你的意见。”说完，他又对其他观众说：“但可惜的是，我们两人反对众多观众能有用吗？我们能禁止剧本演出吗？”此语一出，全场都笑了，紧接着响起了暴风骤雨般的热烈掌声。在掌声中，那个喊叫的人溜出了剧场。

萧伯纳充分表现出了他的应变能力，借用观众的力量，给自己以极大的支持，有力地反驳了他人的故意挑衅，使其成为观众的对立者，使他的言论站不住脚。

林肯当律师时，有一次，一个朋友的儿子被指谋财害命，已初步判定有罪。林肯以被告律师的身份看了所有案卷，了解了全案关键的人物是原告方面的一位证人福尔逊，因为他确定地说自己目击了小阿姆斯特朗用枪击毙了死者。对此，林肯要求复审。

在这场精彩的复审中，有以下一段对话：

林肯问证人："你确定自己看清楚了吗？"

福尔逊："是的。"

林肯："你在草堆后，小阿姆斯特朗在大树下，两处相距二三十米。你能认清吗？"

福尔逊："看得很清楚，因为那晚有明亮的月光。"

林肯："你肯定不是从衣着方面看清他的吗？"

福尔逊："不是的，我看的是他被月光照亮的脸。"

林肯："你肯定是11点吗？"

福尔逊："充分肯定，我看过表的。"

林肯问到这里，转过身来发表了一席惊人的论证："我必须告诉大家，这个证人完全是个骗子。他说那天有月光，但请大家想想，10月19日那天是上弦月，晚上11时月亮已经下山了，哪里还有月光？退一步说，也许可能记错了，时间稍有提前。但那时，月光是从西往东照，草堆在东，大树在西，被告面朝草堆，脸上绝不可能有月光。"

话音刚落，听众先是一阵沉默，紧接着，掌声、欢呼声一齐迸发出来。福尔逊顿时傻了眼。

问清当时的情形，讲明道理以引导之，是辩论常用的方法。林肯步步为营，一点一点地营造有利于自己的局面，最终确定福尔逊在做伪证。因此，因势利导有时可以使复杂问题简单化，使人一目了然。

找出反击缺口以制胜

有些人在辩论过程中，讲不出有说服力的道理，只是闪烁其词，进行诡辩，对此我们要善于识破、拆穿其荒谬的底牌。如何识破、拆穿？归纳起来主要有四种方法：

1. 利用事实驳斥

针对其诡辩中对事实的忽略，列举事实，驳倒诡辩。

“一个国家向外扩张，是由于人口过多。”当年，周恩来总理在反驳这一谬论时，就列举了众所周知的事实：“英国的人口在第一次世界大战前是4500万，不算多，但是英国在一个很长时期内曾经是‘日不落’殖民帝国。美国的面积略小于中国，同时美国的人口还不及中国的三分之一，但是，美国的军事基地全球都有，其海外驻军多达150万人。中国人口虽多，但没有一兵一卒驻在外国的领土上，更没有在外国建立军事基地。”言之确凿，掷地有声，足以论证一个国家是否对外扩张和这个国家的人口多少并无必然联系。

面对某种诡辩，只要列举出与其结论相反的事实例证，就能推翻其结论，因为“事实胜于雄辩”。

2. 利用逻辑手段反击

找到其语言中不合逻辑之处，利用逻辑手段进行反驳。

在拥挤的公共汽车上，一位妇女抱着孩子东倒西歪，难以站稳。一个站在旁边的军人对身边坐着的姑娘说：“小姐，请给他们母子让个座吧。”

“让座，凭什么我让座?”姑娘一脸不高兴地说道。

“年轻人要助人为乐，讲点精神文明嘛!”

“还讲精神文明?”姑娘眼皮一眨巴，嚷开了，“你把唾沫都吐到我脸上了！简直是流氓!”

“谁是流氓？你这是无中生有!”

“你就是吐了!”姑娘掏出手绢往脸上一擦，“这不是口水是什么？你这叫文明……”

这下子吵开了，谁能说清楚那个军人有没有吐口水呢？好在又有一位站着的中年女士有见识，她对姑娘说：“同志，刚才谈的是给抱小孩的妇女让座的问题，这和吐没吐唾沫没有什么关系吧？请你给抱小孩的女士让个座，好吗?”这下子耍赖的姑娘无可奈何，只好气哼哼地站起来让座了。姑娘理屈词穷，却用“唾沫”问题来偷换或转移“让座”问题。那个军人只顾辩白，正好上了她的当，这样不但无法制服对方的狡辩，而且自己还要受一肚子窝囊气。

这类耍赖狡辩在论辩中也会出现。只要不准对方转移或偷换命题，遵守同一律的逻辑方法，就能把这种狡辩和诡计击破。

利用逻辑方法进行反驳的手段有很多，要根据对方违背的那一条用相应的一条去拆穿。例如，利用假言判断也可以攻克难题。

在一次联欢会上，主持人出了一道题："2 +3 在什么情况下不等于5?"有人问："是相对数还是绝对数？还是一般的词?"有人答："2 只猫加 3 只老鼠不等于 5。"主持人说："不行，不要名词。"这下子，在一定程度上难住了大家。有人答："如果 3 +4 不等于 7，那么 2 +3 也就不等于 5。"

这就是一个假言判断。既然对方提出的是个怪问题，你用直言判断，肯定解答不了，只有用假言判断，才能得出意想不到的答案。其他的逻辑方法也是同样的道理，只要我们能根据实际情况灵活应用就可以了。

3. 以彼之道，还施彼身

有一个外国的幽默小故事：

一个男孩用两个便士去面包店买了个面包，他发现面包比平时小得多。他问老板："您不觉得这个面包比平时小吗?"老板诡辩："哦，这不要紧，面包小点儿，你拿起来就方便多了。”小男孩见此，并未据理相争，而是只给了一个便士就走了。老板叫住他说：“嘿！你没给够钱呢！”小孩回答：“哦，不要紧。这样你数起钱来就方便多了！”巧用诡辩便可以轻而易举地拆穿诡辩。

以其人之道还治其人之身分为喻仿式、比仿式和仿体式等各种方式，这需要依据具体情况来选择。不论是哪一种都要抓住诡辩推论的基本结构和表达方式，然后，选取另一类可以与之相喻仿照的事物加以推论，一个能给诡辩者以某种损害的结论便得出了，从而产生反难或反责的效果。这种技巧的要点是：选择与诡辩者有利害关系的事例，采用诡辩者使用的方法解析事例，或是以意外的可感性活动使诡辩者受责犯难。如下列一段对话：

甲：“洗完手再吃饭。”

乙：“我不洗！”

甲：“为什么？”

乙：“手洗净了，还会脏的，不干不净吃了没病，洗净手只是多此一举！所以，干这种事是傻事。”

甲：“那好，你也不必吃饭了。”（拿走饭菜）

乙：“哎，你拿走我的饭菜干什么？”

甲：“吃饱了还会饿的，何必像洗手一样多此一举呀！”

这是一种仿体式的反诡辩技巧，兼有表演性，能在行动上嘲弄诡辩者，从而诱使他发问，使他搬起石头砸自己的脚，不得不放弃诡辩，采取老实的态度。因为逻辑就是他的逻辑，事实就是他的事实，由此推出的结论，他只有接受。

4. 批驳引用名言的诡辩

名言很多，诡辩者很容易用名言作为他们的招牌，当诡辩者引用名言的时候，拆穿反驳的方法大体上还是上面所谈的几种：只要诡辩者引用名言，“拉大旗作虎皮”是一种常态，显示自己与名人和真理站在一起的架势，容易使人措手不及，一时难以应对。其实，冷静一想，名言的使用场合不同，其含义也是不同的，可以用许多招数予以拆穿驳倒。

（1）例证法

名言的真理性是相对的。诡辩者往往脱离实际地引用名言，你可以指出这一点，但某些名言的背景情况不太容易一下子说清楚，所以，最好以事例来论证其引用的片面性。例如，教育界有段时间强调智力开发，有人就引用爱因斯坦的名言：“想象力比知识更重要。”爱因斯坦当然是针对只重传授知识而轻视想象力培养的教育弊端而说的，并不是在告诉我们知识丰富不重要。古今中外有许多伟人之所以取得伟大成就，都是既丰富知识又发展想象力，使其相得益彰的结果。

（2）辨析法

诡辩引用名言归根到底是对名言的曲解和滥用。有时候，只要我们对名言本身的词语加以辨析，就可以看出名言不足以证明诡辩者的观点是正确的。例如，小王有错不改，不理会朋友的劝告。朋友劝他：“小王，你不能总这样下去，应当争口气，何必让别人说呢?”小王回答：“他说什么我才不在乎呢，走自己的路，让别人去说吧。”这时朋友可以这样说：“走自己的路是指走正路，走积极向上、不断进步的路，而不是走弯路和邪路，如果前面是悬崖与深渊，你也会跳下去，也不听别人的劝阻吗?”

（3）顺意反诘法

迟到者不接受批评，反倒诡辩说：“睡觉睡过了头，也是为了更好地工作呀！列宁不是说过吗，不会好好休息也就不会好好工作呀!”你可以说：“不错，这话列宁的确说过，但他难道说过为了休息好可以耽误工作时间的话吗?”如此顺意反诘，使其无法再狡辩，只好低头认错，甘心受罚。

（4）针锋相对法

这种方法是“以其人之道，还治其人之身”的一种。当诡辩者引用名言佐证时，你也可以引用名言来论证反驳。有一次，几个人争辩起家庭教育中父母的责任问题。女同胞认为做父亲的应负主要责任，并引用古语说：“我国古代就有‘子不教，父之过’的说法，而不说‘母之过’，可见做父亲的应承担主要责任。”听罢，男同胞一时无言以对，东道主连忙反驳：“这也不尽然。法国著名思想家卢梭在他论教育的名著《爱弥儿》中指出：‘母不母，则子不子’，这说明母亲对教育子女也应承担很大责任。”这下子，女同胞也语塞了。其实，对子女的教育，父母都有重要的作用和责任，强调一方面否定另一方面，或是推卸责任的诡辩，即使引用名言，也是可以揭穿驳倒的。当然，这个事例有点开玩笑的性质。但它可以说明针锋相对是可以采用的反诡辩的一种方法。它语言严谨，不给诡辩者半点可乘之机。

(5) 极端法

有些思想保守固执的人曾用“毫不利己，专门利人”之类的话来否认正当的个人利益。那你可以告诉他：为了避免“人满为患”，请您做点无私奉献来个安乐死！行吗？这里虽然是说笑话，却正是把问题推至极端，揭穿了诡辩者的荒谬论点，使其在极端情况下不攻自破。

5. 反击诡辩的其他方法

中外历史上许多名人大都有过一些借题发挥、巧妙打开反击缺口的精彩事例，他们的智慧思想流传千古，受到众人的赞扬。下面列举几例：

(1) 侦破术

古代杰出的大军事家孙子指出：“知彼知己者，百战不殆，不知彼而知己，一胜一负，不知彼，不知己，每战必殆。”雄辩家在论辩中也同样如此，只知道自己的理由和根据，不知道论敌的理由和根据，匆忙与之争辩，只能是若明若暗，胜负难卜。而要了解论敌的意图、所持的论点和论据，就必须使用“侦破术”。“侦破术”可以方便人们诱敌深入、察言观色、后发制人。具体做法是：偃旗息鼓，先不贸然出击，让对方先把话说完，从中了解对方的意图、论点、论据和论证方法，找到其弱点及突破口，再一鼓作气，发起猛攻。

当论敌按兵不动时，己方也采取静观侦破战术，还可采用“佯攻法”：在不暴露自己真实意图和实力的前提下，向对方提出几个辩题，迫使对方反驳，察知其实情后，再予以有力反击。“侦破术”的“侦”与“破”是密不可分的。“破”是“侦”的目的，“侦”是“破”的手段；只有“侦”得准，才能“破”得狠。如果缺少准备，实力不雄厚，难以破敌，那么，无论“侦”得多么多、多么细也是没有意义的，所以，要二者并重。

（2）模拟术

惟妙惟肖地模仿论敌粗暴无礼或愚不可及的种种论调及口吻，既传神达意，又可以使论敌的谬误大白于天下，令听众或读者发出会心的一笑，将论敌置于羞愧难堪、无地自容的困境，这是模拟术才能达到的效果。

在揭露德国柏林大学讲师杜林的唯心主义和庸俗唯物主义谬论的时候，恩格斯曾模仿其蛮横口吻说道：“恶就是猫。所以，魔鬼没有犄角和马蹄，而有爪子和绿眼睛。当歌德使靡菲斯特斐勒具有黑狗的形象而不是黑猫的形象的时候，他犯下了一个不可饶恕的错误。恶就是猫！这是不仅对于一切世界，而且对于猫也适用的道德。”杜林学术的荒谬性，经恩格斯“模拟术”的显影定形，早已须眉毕现了。

（3）纵擒术

欲擒故纵，先纵后擒，最早见于诸葛亮七擒孟获的历史故事之中，是军事家捕获顽敌的斗智手段。它的秘诀是，先张网退避，示敌以虚，待敌骄纵冒进，再反守为攻，一网打尽。聪明的论辩者在论战中也可以成功地运用这种“纵擒术”

达到力挫论敌的目的。鲁迅在他的《半夏小集》中记叙了这么一段有趣的辩论：

A：“啊呀，B先生，三年不见了！你对我一定失望了吧？”

B：“没有的事……为什么？”

A：“我那时对你说过，要到西湖上去作两万行的长诗，直到现在，一个字也没有，哈哈哈！”

B：“哦……我可并没有失望。”

A：“您的‘世故’可是进步了，谁都知道您记性好，‘贵人言’，不会这么随随便便的，您现在也学会了说谎。”

B：“唔，无所谓失不失望，因为我根本没有相信过您。”

从这段论辩中可以看出，A明明自己是撒谎者，却指责B也撒谎，B以退为进，欲擒故纵，先用“为什么”引蛇出洞，让对方自陈其伪，然后话锋陡转，以“我根本没有相信过您”作结，给予撒谎者以致命反击，令A无法招架，而B先生的纵擒雄辩法也就大获全胜。

（4）侧击术

侧击术，就是一种不正面攻击论敌的观点或揭露其丑恶本质，而是左右迂回、包抄、旁敲侧击、战而胜之的辩论方法。它打破人们的思维定式，创造了一个崭新的思维天地。

《夏三虫》这篇言简意赅、借物喻人的杂文，旨在揭露一伙杀人喝血不算，还要在饮血前先发一通人血该喝，饮后再发一通人血不洁的“伪君子”，鲁迅在文中成功运用“侧击术”进行论辩。他首先不是说吸人血、传病菌的夏三虫——蚤、蚊、蝇谁危害最大、谁最可恨，而是问“最爱哪一个”，暗埋伏笔。果然，他在肯定了叮人血时干脆直接的“蚤”最“可爱”之后，对叮了人血还要哼哼的“蚊子”略示不满，接着笔锋一转，继续用曲笔扯起野雀、野鹿，以及“苍蝇”的种种不雅行为来。直到文章的最后两节才以精练的语言点出题旨：那些喝了人血、反嘲其不洁的伪君子，才是禽兽不如！

通观全文，褒中有贬，贬中有褒，迂回曲折，一波三折，旁敲侧击，话中有话，使人在对“蚤、蝇”之辈有了深入了解之后，对“蚊”类的伪君子更生鄙恶之心，这正是“侧击法”的妙处，它先不直攻论敌，却能在最后使论敌画皮脱落，原形毕现。

（5）借箭术

机智的雄辩家同样聪明，他们像草船借箭、料敌如神的诸葛亮一样，善于用雄辩的草船将论敌射来的攻讦利箭一齐收住，再反射回去，夺得论辩的胜利！这就是所谓的借箭术雄辩法。

曾经有一个外国通讯员在《晨报》上为混入革命阵营中的机会主义头子巴枯宁鸣冤叫屈，并引用了“宁愿和聪明的敌人打交道，也不愿和愚蠢的朋友讲来往”的谚语，来恶毒攻击马克思对巴枯宁的严正批判。马克思接过了这支箭，并没有否认它而将其折断，而是将它反射回去。他说：“完全正确，正是‘愚蠢的朋友’才不知道只有意见相反才有争论，只有从相互矛盾的论断中才能得出历史的真实，因而把这当作一种发现而表示大惊小怪。”经马克思的巧手点化，谚语所闪射的智慧之光更为耀眼夺目了：实际上，这位外国通讯员才是真正的革命者“愚蠢的朋友”！只有他才不懂得，革命者与机会主义者的意见相反和互相争论是正常现象，马克思的“借箭术”可谓高明。

（6）入瓮术

《资治通鉴·唐纪》记载一则武则天当政时的故事。一次，有人告了周兴，武则天便命来俊臣请来周兴喝酒，假意向他请教审讯的法子。周兴不知是计，醉醺醺地说：“这有何难，只要把犯人装进大坛子里，放在炭火上一烧，他便会什么都招认了。”来俊臣依计烧好炭火，备好一只大坛子，然后他脸色一变，厉声说：“周兴，有人告了你的状，请你老兄进瓮去吧！”周兴吓得面如土色，冷汗淋漓。

后来，“请君入瓮”便成了成语，比喻用其人之道，还治其人之身。在论辩中，“入瓮术”特指诱使论敌自掘陷阱、自陷罗网的雄辩方法。

有这样一个例子。在审讯冒牌记者乙的时候，审讯员甲是这样设瓮诱敌、戳穿其伪的。

甲："你是干什么的?"（开门见山）

乙："×报记者。"

甲："你当了很久记者吗?"（乘势深入）

乙："当然。"

甲："那一定写了不少报道吧?"（点火备瓮）

乙："当然。"

甲："请指出你最近发表的一篇文章!"（请君入瓮）

乙："这……"

甲："看来，你是个冒牌货!"（揭穿老底）

乙：……（汗颜，无言以对）

(7) 捣虚法

"批亢捣虚"一词出自《史记·孙子吴起列传》，其言曰："救斗者不搏撠，批亢捣虚，形格势禁，则自为解耳。"意思是：抓住斗者咽喉，用棒痛击他的要害，用戟刺殴斗者，就会因形势的限制而自然分开，不得不降服。所谓"捣虚术"，是抓住论敌要害痛打、一举击破的雄辩方法，威力强大。

1931年底，进步学生为日兵占据辽宁与吉林两省而到南京请愿，却遭到镇压。国民党政府在12月18日通电全国各地军政当局文中，给学生加上了"捣毁机关、阻断交通、殴伤中委、拦劫汽车、攒击路人、私逮刑讯、社会秩序悉被破坏”等一系列吓人的罪名。鲁迅目睹此景，义愤填膺，写文反击。但他并没有平均用力，按论敌开列的“罪名”逐一驳去，而是抓住了“友邦人士，莫名惊诧，长此以往，国将不国”这莫须有的罪名的要害予以痛击！他列举日寇侵华事实，撕下了“友邦”面纱，还其凶暴残酷真相，猛烈抨击了国民党认敌为友，畏敌残民，放虎入室，闹得“国将不国”的卖国投降政策。鲁迅的“捣虚术”正中论敌要害，使论敌捏造的罪名一一不攻自破。

(8) 抽薪术

抽薪术即“釜底抽薪”，“釜底抽薪”比“扬汤止沸”高明的地方，就在于前者是从锅底下把木柴抽掉，从根本上解决了热源问题，使汤水冷了下来；而后者则是将开水暂时从锅里舀出来然后再倒回去，无法解决根本问题。“抽薪术”是这样一种论辩方法：把论敌的论据驳倒，使其沸沸扬扬、气焰万丈的论证不驳自倒，实际上它也是一种迂回的辩论方法。

一家养鸭场购进一批饲料，投放喂养后造成鸭群大量死亡，于是养鸭场便起诉饲料公司，索赔5万元。饲料公司辩护律师以卫生部门的检验单和鸭群死因分析单为论据，指出饲料本身并无质量问题，其他鸭场使用后从未发生过类似事故，鸭群的死因是农药中毒，是鸭场无意中在鸭料中掺入了有毒茶叶所致，从而驳回起诉，证明清白。

由此可见，巧用“抽薪术”是化被动为主动、从根本上驳倒论敌的好办法。

第八章

懂谈判，让自己的利益最大化

说服是谈判过程中的艰巨任务

谈判犹如两军对阵，双方的地位是相对的，你的说服将随时遭到各种有形与无形的抗拒。除非你有百分之百的把握消除这些抗拒，否则，你不但无法收到说服的效果，反而有可能被对方说服。

说服的技巧往往是多种方法、多种策略的综合应用。

1．在潜移默化中说服对方

杜甫有诗云："好雨知时节，当春乃发生。随风潜入夜，润物细无声。"要想说服对方，你的言辞必须像春风化雨一样，不能让对方觉察。一旦对方觉察到你在试图说服他，就会马上进入警戒状态，使你徒劳无功。

2．要首先满足对方的基本需要

满足对方最基本的要求是谈判的关键。如果对方的需要得不到满足，你纵然有三头六臂、使出三十六计，也无法使对方心悦诚服。

3. 要权衡利弊得失

为了使谈判成功，让对方接受你的意见，你必须抱着诚恳的态度，与其交谈应充分考虑和分析你的提议可能导致的影响：被劝说的人一旦接受你的意见，将会有什么样的利弊得失？你为什么要以他为劝说对象？假如你能说服他接受你的意见，对自己有什么益处？

4. 简化接纳手续

为了使被劝说的对象接纳你的提议，并避免中途变卦，你应当尽量简化不必要的手续，让它变得简单易行。例如，在需要签书面协议的场合，你可以事先准备好草案，告诉被说服者“你只需在这份原则性的协议书草案上签名即可，至于正式的协议书，我会在一星期内准备妥当，到时再送到贵公司供你仔细斟酌”。这样一来，一般都能得到对方肯定的答复，从而避免出现不必要的波折。

5. 先易后难，先好后坏

先谈容易达成协议的问题，在此基础上过渡到难题。当有好、坏两种信息都需要传递时，则应先传递前者，再传递后者。

6. 强调一致，先人后己

立场一致会让对方觉得比较可靠，从而有利于提高对手的认识程度与接纳程度。最令对手记忆深刻的信息，是既能引起他的兴趣，又能让他达到目的的信息。同时，还应注意当一种问题的正反两面都被讨论时，要学会静观其变，不要急于表达，好恶最好等到最后时刻提出来。

7. 重视开头与结尾

通常来说，人们对发言的开场白和结束语比对中间的话语的记忆更加牢固。因此，一定要交代清楚交谈的结果，不能让对手掌握下结论的主动权。

在谈判过程中，多数对手都是比较理智、明白事理的，但也会遇到固执己见、难以说服的对手。对于后一种，常常会让人比较头疼，左右为难。其实，这种人在很大程度上是性格所致，只要采取适宜的说服方法，晓之以理、动之以情，对方就会认真考虑你的意见。

说好谈判的入题话

为消除谈判开始时的尴尬状况，我们就需要平稳自己的情绪，使谈判气氛变得轻松、活泼，并着意在谈判入题时采取些迂回的技巧，从而为谈判成功奠定一个良好的基础。

具体谈判入题的方法，主要有以下几种：

1．从题外话入题

比如，可以谈谈关于天气、新闻或娱乐活动等方面的话题，也可以谈谈有关社会热点或者有关旅行、嗜好、兴趣以及有关名人的话题等。

题外话涉及的方面非常广，只要你平时加以留心，使用时便可信手拈来。当然，我们应根据谈判的时间和地点以及双方谈判人员的具体情况来进行。如果入题时刻意修饰，会让人感到虚伪，不真诚。

2．从“自谦”入题

当谈判对象来到你的主场时，应保持谦虚，如“各方面照顾不周”“请谅解”等，或者由主人介绍一下自己的经历，自谦地说缺乏谈判经验，希望对方指教，相互信任，共同合作等。

3. 从介绍己方的基本情况入题

谈判之前，先简要介绍一下己方各方面的基本情况，提供一些必要的资料，以显示己方雄厚的实力和良好的信誉，坚定对方合作的信心。

4. 从介绍己方谈判人员入题

谈判前，可简单介绍一下己方谈判人员的情况，如经历、学历、年龄、成果等，由此打开话题，既可以缓解紧张情绪，又不露锋芒地显示了己方的强大阵容，使对方不敢轻举妄动，从而考虑谨慎行事。

谈判语言的注意事项

一般来说，商务谈判的主要目的和形式表现为双方为一定的利益而交锋，所以，了解对方的意图十分重要。在商务谈判中，言语要尽可能简洁、通俗易懂，但这只是针对总体性原则而言的。具体来说，要做到这一点，还应注意和把握以下技巧。

1. 不使用隐喻和专业性过强的语句及词汇

谈判首先就是要让对方听得懂，所以，应尽量使用通俗易懂的语句以及词汇。因为暗含着某种意义的隐喻成分，对方或是难以理解你的真实意思，或是产生错误的理解，会影响商务谈判的正常进行。而在某一专业领域有较为专业性的语句和词汇，如果对方谈判人员对你提及的相关领域的知识比较陌生，就很难准确理解你说话的含义，这将不利于双方谈判过程中的交流。

2. 切忌炫耀卖弄

一切谈判的主要目的在于促使对方理解并接受你的意见，

在于使对方认可你所谈内容的准确性。所以，高明的谈判人员多用朴实无华的语言向对方表达自己的观点，而绝不会在谈判桌上卖弄自己的学问有多深、见识有多广、水平有多高。因为这样做非但达不到取得对方充分信任和理解的目的，反而容易使对方反感，从而不利于谈判的正常进行。

3. 观点明确

明确自己的观点应做到言简意赅，也就是用简单的话语把意思明确地表达出来。只注意简明扼要而忽略了明确观点，同样是应该避免的。

4. 句式简短

在商务谈判中，报盘是引起对方注意的关键环节之一，这是作为谈判者应当注意的。甚至关于报盘的每一个字，对方都会注意倾听，并在内心加以分析。所以，谈判人员应多用简短的句式来进行报价，避免被对方抓住把柄，使自己陷入不利的情况中。

5. 言简意赅

在谈判的过程中，一方报价之后，另一方往往会要求对方谈判人员对报价作解释。报价方在进行报价的相关解释时，也应该注意遵守言简意赅的话语原则，即：不问不答，有问必答，答其所问，简短明确。

不问不答是指对于对方未主动提及的问题一般不主动回答，不能因担心对方不理解而做过多的解释和说明，以免言多有失，对自己反而不利。

有问必答是指对对方提出的所有问题，一般情况下都要一一回答，并且要迅速、流畅。如果表述中出现吞吞吐吐、欲言又止的情形，就极易引起对方的疑虑，因而使对方提高警惕，对你穷追不舍。

答其所问是指仅就对方所提问题做出必要的解释说明，不做画蛇添足式的解释。实践证明，在一方报盘之后，另一方的举动一般是要求报盘方对其报盘的价格构成、报价根据、计算方式等问题做出详细解释，这就是通常我们所说的价格解释。因此，报盘方在报盘前应当就这些问题做好准备，以备应用。

简短明确就是在谈判过程中要求报盘方在进行价格解释时应做到简明扼要，明确具体，以充分表明自己的态度和诚意，使对方无法从价格解释中发现破绽。

谈判中应注意的细节

古语说："兵不厌诈。"谈判的实质就是斗智斗勇，斗耐力、斗实力。因此，商务谈判过程应该是有来有往，交谈过程更是如此。独占谈话而过分表现自己，虽然可以快意一时，但却往往会带来更大的损失。下列几个方面就是商业成功人士告诫我们在谈判中应注意的细节。

1．不要独占任何一次谈话

中途打断对方、抢着说话，常会引起对方的反感；口若悬河、谈话抢尽了风头，反而会引起对方的逆反心理。善于谈判的人，在谈判中大都保持沉默，他们是倾听的高手，只有在关键的时刻才会说上几句话。要清楚地听出对方谈话的重点所在，最重要的一点就是听出对方话中所表达出的重点。谈话必须坚持有来有往，在不打断对方的原则下，适时地表达你的看法和观点，这才是正确的谈话方式。在交谈中，一定要用心去找出对方的优点、价值，同时进行适当的称赞和肯定，这是一种获得对方好感的重要手段。

2. 必须准备丰富的话题

在商务谈判过程中，为了不使谈话冷场，并有益于增进双方之间的情感交流，准备丰富的话题是有效的手段。丰富的话题有助于推动谈判向前发展，但有一点应记住：丰富的话题绝不可用来向对方炫耀，否则对方会产生反感，这样的话，你就得不偿失了。

以全部的底气说出内心的话，光用嘴说话是难以给人一种气势非凡的感觉的，必须以嘴、以手、以眼、以心去说话。只有做到这样，才能给对方以较大的影响力并说服对方。

3. 明朗、低沉、愉快的语调最吸引人

只有低沉的语调方能说出富有吸引力的话语，所以，应设法使语调变得低调，这样才能发出迷人的声音。

同时，还要做到咬字清楚、段落分明。在日常生活中，说话最怕咬字不清、段落不明。如果你吐字不清、节奏混乱，非但对方无法很好地了解你想要表达的意思，而且还会给对方带来一种压迫感。

开车时有低速、中速和高速，必须依实际路况的需要做出适当的调整。同样的道理，在谈判中说话时，也要依照实际状况的需要，恰如其分地调整语速。

谈判时，要善于运用“停顿”的奥妙，“停顿”在谈判中非常重要，它要求我们应运用得恰到好处。“停顿”更有整理自己思维、引起对方好奇、观察对方反应、促使对方说话、推动谈判进程等诸多用处，一定要适当地加以运用。

谈判时声音的高低要适中。在进行谈判之时，对方能够清楚自然地听清你所说的话，这种音量就比较合适了。

在谈判过程中，要做到说话节奏与表情反应紧紧配合。每一个字、每一个词句都有它的意义，单用词句无法清楚地表达你的意思，还必须表现出谈话者对于语言的外在反应，即你的神情与姿态相配合，这样，你的谈话才会生动感人。

另外，谈判时措辞要准确，发音要正确。一个人在交谈时的措辞，相当于他的仪表和服饰，直接影响他谈话的最终效果。对于那些较晦涩的字眼，应当清晰、有力、准确地表达出来，这往往会在无形中表现出你的博学和涵养。

谈判中的应答技巧

一般在谈判中，对于问题的回答并不是一件容易的事。因为你不但要根据对方的提问来回答问题，并且还要把问题尽可能地讲清楚，使提问者得到明确的答复。在整个过程中，你对自己所说的每一句话都负有责任，因为对方往往可以理所当然地把你的回答认为是一种承诺，这就给回答问题的人带来一定的负担与压力。因此，你水平的高低，很大程度上取决于你回答问题水平的高低。

掌握谈判的应答技巧应注意以下几个方面的要领。

1．回答问题留有余地

在谈判中，应答者要将问话者问题的范围尽可能地缩小，并且对回答的前提加以限定，回答问题时一定要给自己留有一定的余地。并且，在回答问题时，不要过早地暴露你的实力。同时，你也可以先说明一件相似的情况，再转回正题。或者，利用反问的方式对问题的重点进行转移。

2．减少问话者追问的机会

当问话者对你的回答感到怀疑时，往往会刨根问底。所以，回答问题时要特别注意，尽量做到不让对方抓住某一点连续发问。有时候为了达到不让对方继续追问下去的目的，以问题无法回答作为借口也是一种方法。

3. 让自己有充分的时间思考

在谈判中，回答问题前必须谨慎小心，要对问题进行深入思考，做出最合适的回答，因而需要充分的思考时间。

一般情况下，谈判者对问题回答得好坏与思考时间成正比。而往往有些提问者会连续不断地追问，以迫使你在没有进行充分思考的情况下做出仓促的回答。

谈判中遇到这种情况时，作为答复者需要冷静，大可不必顾忌谈判对手的追问，有时可以直接告知对方自己需要一些时间进行认真思考。

4. 不值得回答的问题拒绝回答

在谈判中，谈判者有回答问题的义务，但往往不必回答对方所提的每一个问题，尤其是对某些不值得回答的问题，可以礼貌地加以拒绝，以免使自己陷入困境。

5. 不要轻易作答

回答问题应该具有一定的针对性，有的放矢，而要做到这一点则有必要了解问题所包含的真实含义。

在谈判中，谈判者有时会提出一些模棱两可的问题，意在借此摸清对方的底细。因此，要清楚地了解对方的用意之后再作答。否则，轻易、随意作答，会造成自己的被动。

6. 找借口拖延

在谈判中，当遇到某些需要思考的问题时，有时可以用资料不全等借口来拖延。

当然，拖延时间并不意味着不回答对方，只是谈判者需要时间进一步思考如何来回答问题。

7. 有时可以将错就错

当谈判对手对你的答复作了一种错误的理解，而这种理解又有利于你开展谈判、取得预期目标时，你不必去告知对方并更正对方的理解，而应该采取将错就错的方式，因势利导。

在实际谈判过程中，由于双方在表达与理解上的不一致，以至于错误理解对方意思的情况是经常发生的。一般情况下，这会直接增加谈判双方在信息交流与沟通上的困难，因而有必要根据实际情况予以更正、解释。但是，在特定情况下，这种错误理解的出现往往能够为谈判中的某一方带来好处，有利于一方谈判目标的实现。

事实上，在实际谈判中的应答技巧有很多，并不仅仅在于回答对方的“对”或“错”，而在于应该说什么、不应该说什么以及如何说才合适并产生最佳效果。

巧施压力而攻心

谈判中，多多争取才能取得良好效果，所以，有经验的谈判者常常采用双管齐下的策略。

在劳资谈判中，这一招屡试不爽。

劳方为提高工资、改善劳动条件，通过舆论和罢工来加强自己谈判的筹码。底特律工人罢工让企业知道汽车工人们对某个问题持非常强烈的看法，为避免损失只能妥协。

一家新闻单位报道说某产品质量不佳，会给顾客造成损害。结果这家工厂赶紧派员同新闻单位进行协商说明情况，以挽回声誉。

显然，场内场外相互促进，可以给对方造成压力。

1. 卖家的手段

（1）制造舆论，比如说价格要上涨。

（2）让对方知道一些东西。

（3）当事情紧迫时，放出消息说卖方有资金困难，要暂时停产。

（4）与其他买方谈判，并告诉原买方。

（5）联合其他卖方。

2. 买家的方法

（1）另辟蹊径。

（2）挑选卖方对手，等候与卖方谈判。

（3）找其他卖家。

（4）表示不满。

（5）直接与卖方主管商谈。

（6）在讨论新订单时，拒收某批货物。

（7）用适合自己的方案谈判，并告诉对方，由于这项变动可能会取消已订的货物。

（8）向卖方表示宁愿自己生产，因为更合算。

当商品很多时，卖方处于相对被动的境地，因此，要施展边打边谈的策略有一定难度，若处理不当往往会弄巧成拙，断送成交的机会，因此要小心。

相反，当商品不足时，卖方处于主动地位，但这种时候，采用边打边谈的策略也要有分寸，不要逼人太甚。

从一定的意义上说，手段决定效果。如果你胸有成竹，让对方无法抵挡，又无可选择，只好妥协，但对方未必会心服口服，那么，在日后合同履行过程中出现拖拉以至毁约的情况则是难以避免的。

因此，精心考虑后，攻心可能是谈判中最值得推崇的战术手段。

要使你的精神力量真正影响到对方的内心世界，尽量使对方满意。这样，谈判才能从根本上体现出合作精神。

尼仑伯格说："一个成熟的谈判家应懂得，必须以合作的精神和方法去进行谈判，他不仅应当努力使谈判达成协议，而且应该充分认识到，成功的谈判，双方都是胜利者。"

谈判要大获全胜，取得最理想的战果，要以攻心为上。

我国古代兵法一向强调"攻心为上"。

苏轼说："善用兵者先服其心，次服其力，则兵易解而功易成。"

谈判犹如两军对垒，谈判双方更要打心理战，使对方"先服其心"，再服其理。而谈判中通过陈述情理，让对方明白利益关系，改变其心态，从而放弃原来的认识和主张，这不失为一种更为直接和效果更明显的攻心术。

攻心的要旨是知人所需，他需要什么，就尽力给他什么，若你能表现出真诚的关心，设身处地地为他着想，那他就会接纳你，当然也要考虑你自己。

谈判中用好攻心战术

善用心理战术可以帮你在谈判中稳操胜券。商场如战场，在这短兵相接的时刻，如果你能控制住自己的情绪，又能洞察对方的心理，那你就可以利用对方的情绪波动来攻破其心理防线，从而有利于得到你想要的东西。切记：此时不可轻易泄露自己的底牌。

以下是心理战术的关键几点：

1. 因大失小

知己知彼是成为一名出色谈判者的首要条件。谈判过程中应当时刻牢记谈判的主要目的。你可以先把一些次要的问题渲染成很重要的问题，而且主动让对方占到便宜，此时，他可能会沾沾自喜，而你也要表现得十分勉强，并要使不得不为的懊悔之情溢于言表，以满足对方的虚荣心，削弱、麻痹对方在关键点上的关注力。

让对方感觉他先处于优势，这样他反而乐意做一些让步，以显示自己的不凡，从而使自己达到谈判的主要目的。

2. 把握感情用事的机会

谈判就是一场决出胜负的比赛，事实上，这是谈判双方个人机智的较量、竞赛，谁先沉不住气，谁注定会失败。对方一旦出现急躁情绪，就表明他已经放弃了某种程度的自我控制。这时，你可以伺机行动，掌握主动权，使谈判的天平向已方倾斜。

3. 让对方站在自己的立场上考虑一下

谈判的双方都本着双赢目标。先告诉对方自己的让步，并力争夸大让步，显示自己多么关注对方的赢利，然后一一摆出自己的为难之处，让对方一一照顾一下。这种情况下，对方便可能自觉或不自觉地做出一定程度的让步，而且多半会放出对已方较为有利的条件。

4. 适时地直率

在谈判陷入僵局或者濒临破裂的边缘时，适时说几句直率的肺腑之言。比如："这个合同对我来说非常重要，我十分想签下这份合同。"或者"你也看得出来，我真的想让我们双方都满意。""我十分想跟你长期合作，您的条件能不能有所变通?"要知道，适时地坦诚而谈，不但会使谈判重新明朗，而且往往会消除彼此的成见。谈判僵局也会慢慢有所缓解，本来似乎不可能成交的局面，也会变得很有希望。